Design graphique : Josée Amyotte

Photos : Mathieu Dupuis
Ajustement des photos : Mélanie Sabourin

Catalogage avant publication de Bibliothèque et Archives
nationales du Québec et Bibliothèque et Archives Canada

Galluccio, Steve, 1960-

    Montréal à la Galluccio : en promenade, boutiques, cafés, terrasses, restaurants, bars,
fourre-tout

    Comprend un index.

    ISBN 978-2-7619-3078-9

    1. Montréal (Québec) - Guides. 2. Restaurants - Québec (Province) - Montréal -
Répertoires. 3. Magasins - Québec (Province) - Montréal - Répertoires. I. Titre.

FC2947.18.G34 2012   917.14'28045   C2011-942766-4

02-12

Suivez-nous sur le Web
Consultez nos sites Internet et inscrivez-vous à l'infolettre pour rester informé
en tout temps de nos publications et de nos concours en ligne. Et croisez aussi
vos auteurs préférés et notre équipe sur nos blogues !

EDITIONS-HOMME.COM
EDITIONS-JOUR.COM
EDITIONS-PETITHOMME.COM
EDITIONS-LAGRIFFE.COM

DISTRIBUTEUR EXCLUSIF :
Pour le Canada et les États-Unis :
MESSAGERIES ADP*
2315, rue de la Province
Longueuil, Québec J4G 1G4
Téléphone : 450-640-1237
Télécopieur : 450-674-6237
Internet : www.messageries-adp.com
* filiale du Groupe Sogides inc.,
  filiale de Quebecor Media inc.

Imprimé en Chine

Gouvernement du Québec – Programme de crédit d'impôt pour l'édition de livres –
Gestion SODEC – www.sodec.gouv.qc.ca

L'Éditeur bénéficie du soutien de la Société de développement des entreprises culturelles
du Québec pour son programme d'édition.

Conseil des Arts   **Canada Council**
du Canada   **for the Arts**

Nous remercions le Conseil des Arts du Canada de l'aide accordée à notre programme
de publication.

Nous remercions le gouvernement du Canada de son soutien financier pour nos activités
de traduction dans le cadre du Programme national de traduction pour l'édition du livre.

Nous reconnaissons l'aide financière du gouvernement du Canada par l'entremise
du Fonds du livre du Canada pour nos activités d'édition.

Montréal à la Galluccio

★ EN PROMENADE ★
★ BOUTIQUES ★
★ CAFÉS ★
★ TERRASSES ★
★ RESTAURANTS ★
★ BARS ★

LES ÉDITIONS DE L'HOMME
Une compagnie de Quebecor Media

Table des matières

Avant-propos

Un jour, alors que je déjeunais avec elle, mon agent et amie Nathalie Goodwin> m'a dit : «Pourquoi n'écrirais-tu pas un livre sur les endroits que tu aimes fréquenter à Montréal ?» Intrigué, je lui ai répondu : «Mais, qui pourrait bien avoir envie de savoir quels endroits j'aime fréquenter ?» Elle m'a alors rappelé que, lorsqu'elle se demande où casser la croûte, où organiser un 5 à 7, ou encore où souper, elle me passe un coup de fil. Je me suis rendu compte que la plupart de mes amis font de même. J'ai mis sa proposition dans mon collimateur : est-ce que j'ai vraiment envie d'écrire un livre ? La réponse ne s'est pas fait attendre : pourquoi pas ? Voilà des années que je révèle gratuitement mes secrets de flâneur, pourquoi ne pas les mettre à profit ?

C'est la première fois que j'écris un livre. Je suis scénariste et auteur dramatique de profession et je n'ai jamais rien tenté d'écrire qui n'ait fait la part belle au dialogue. Mais puisque ce livre n'en est pas vraiment un — c'est plutôt un guide illustré de photos — ma maladresse narrative ne m'empêchera pas d'écrire un texte lisible.

Je suis un Montréalais d'origine italienne, un Montréalais pur et dur. Je suis chez moi dans cette ville depuis toujours et, promeneur invétéré, j'ai eu l'occasion d'en découvrir tous les quartiers ou presque. Croyez-moi, les découvertes y sont nombreuses. Mon Montréal à moi englobe Westmount, Mont-Royal, Pointe-Claire et Saint-Laurent, alors, je vous en prie, si le sujet de ma dissertation n'est pas situé au cœur même de la métropole, n'en bavez pas des ronds de chapeau. Il est dans l'île? C'est Montréal. Point à la ligne.

Je n'aime pas faire la cuisine. Je dîne dehors la plupart du temps. Je n'aime pas écrire à la maison. J'écris dans des cafés. Je ne suis ni anglo- ni franco-québécois, je suis à l'aise dans les deux langues officielles et je fréquente l'est et l'ouest de cette île que je ne quitte du reste que très rarement. Lorsqu'il m'arrive de le faire, c'est pour aller dans une autre ville : je suis fondamentalement une créature urbaine. Voilà pourquoi je ressens Montréal si intimement.

Ce livre n'est pas un *best of*, un répertoire du fin du fin, parce que je ne crois pas au fin du fin et, du reste, qui suis-je pour juger de ce qui est *best of*? C'est un simple guide des établissements cool, sympas et, dans la plupart des cas, relativement bon marché. Quelques-uns sont situés hors des sentiers battus, d'autres sont très connus. Certains sont là depuis des lustres, d'autres viennent tout juste d'ouvrir leurs portes.

On y va? Pelotonnez-vous dans votre fauteuil ou au lit avec votre âme sœur préférée : je vous emmène en balade dans ma ville natale. Que vous aimiez ou détestiez mes suggestions, peu importe : je vous aurai ouvert de nouveaux horizons.

P.S. : Merci, Nathalie, de m'avoir suggéré d'écrire ce guide et merci pour ta compétence professionnelle et ta merveilleuse amitié. J'ai adoré cette expérience. Si mon livre est un succès, tu en seras en partie responsable. Si c'est un échec, ce sera entièrement de ta faute.

Montréal, pourquoi t'aimé-je ?

Choisissez un lieu. Asseyez-vous. Prêtez l'oreille. Entendez-vous ? Entendez-vous ce ronron ? C'est le ronron de la ville. Le bourdonnement de milliers de climatiseurs. La symphonie ininterrompue de la 40. Le claquement de millions de pas. Les hélicoptères et les avions qui sillonnent le ciel nocturne. Le métro qui file souterrainement. Les vélos qui vous frôlent à toute allure. Bref, le ronron. Le ronron du Montréal qui s'éveille ou du Montréal qui s'endort. Un ronron qui ne s'arrête jamais. Un ronron apaisant, réconfortant, omniprésent.

Montréal est en quelque sorte une cité-État, une île qui danse à son propre rythme et obéit à ses propres lois. N'essayez pas de la comprendre. N'essayez pas de la codifier. Elle n'a aucune logique. Elle est tout ensemble chaotique, grossière, chaleureuse et élégante. Elle parle plusieurs langues, elle observe de nombreuses coutumes, elle crée ses propres traditions à chaque instant de la journée.

Montréal : églises et tours de bureaux, escaliers en vrille et propriétés de luxe, condos surpeuplés et calmes jardins publics. Une architecture hétéroclite qui change à chaque regard, une âme qui se transforme à chaque coin de rue. Une ville qui s'est fait une montagne d'une taupinière et qui l'a coiffée d'une croix.

Pour certains, Montréal ressemble à Paris. Moi, je remercie chaque jour le ciel que ce ne soit pas le cas. Montréal n'a rien de la Ville lumière. Montréal n'a rien non plus du reste du Québec, encore moins du reste du Canada. Montréal est Montréal. C'est tout. Qu'on l'aime ou qu'on la déteste, elle reste fidèle à elle-même. N'allez pas croire qu'elle va changer pour vous faire plaisir.

Entendez-vous ce ronron ? C'est son souffle vital. Toutes les grandes villes qui respirent ronronnent : New York, Londres, Toronto, Miami et Milan ont un ronron qui les distingue. Méfiez-vous d'une ville sans ronron.

En promenade

Qui se promène à Montréal doit compter avec les nids-de-poule, les cônes de signalisation, les trottoirs barricadés, les automobilistes déments et les piétons pressés. Mais, comme je ne me lasse pas de le répéter, il ne faut pas laisser les étoiles nous cacher la lune. Ces désagréments font partie du paysage montréalais. Ils contribuent à sa tumultueuse beauté.

Il n'est pas un quartier de la ville qui n'ait son propre tempérament. Des respectables maisons en rangée du Plateau aux grandioses résidences de Westmount, des églises de l'est de l'île qui dominaient jadis leurs petits royaumes paroissiaux et de l'enclave juive hassidique du Mile-End aux duplex rococos de Saint-Léonard et aux usines du canal de Lachine construites pendant la révolution industrielle, Montréal change d'humeur et de personnalité plus souvent que les patients d'un service de psychiatrie.

Je ne m'adonne à aucun autre exercice que la marche. C'est pour moi une thérapie et une forme de méditation. Je marche quand je suis heureux, je marche quand je suis dépressif, je marche quand je suis en panne d'inspiration. Montréal est une des villes au monde les plus conviviales pour les promeneurs. Elle est prodigue à la fois de pistes à obstacles et de stands de ravitaillement. Elle est exaspérante et on jurerait qu'elle est en construction depuis que le monde est monde, mais cela ne m'a jamais empêché de l'explorer de fond en comble. Venez avec moi. Oubliez les étoiles. Occupez-vous plutôt de l'éclatante lune ronde qu'est Montréal.

La rue Dante

Si le boulevard Saint-Laurent est le cœur de la Petite Italie, c'est la rue Dante qui en est l'âme. La beauté de cette rue tient au fait qu'elle nous transporte d'un coup de baguette magique de la cacophonie du boulevard Saint-Laurent à la majestueuse quiétude de l'église Madonna Della Difesa. Cette rue étroite possède une acoustique parfaite pour amplifier les bavardages entre voisins, les interrogations des touristes penchés sur leur plan de ville ou la voix du type qui y va parfois d'un aria d'opéra du haut de son balcon du troisième.

À l'angle de Saint-Laurent et Dante, dirigez-vous vers l'est. Vous longerez la façade de la célèbre Quincaillerie Dante, ouverte il y a plus de cinquante ans (j'en parle plus en détail dans la section Fourre-tout). Un peu plus loin, vous verrez les clients faire la queue pour les pizzas que la Pizzeria Napoletana prépare depuis une bonne soixantaine d'années. À l'intersection suivante, en face du parc Dante Alighieri, se trouve un édifice quelconque, café/club fasciste jusqu'au début de l'an 2000. Faites encore quelques pas et arrêtez-vous à la Pasticceria Alati-Caserta. C'est là que, tous les dimanches après la messe, mon père achetait une douzaine de petits gâteaux qu'il rapportait à la maison. Commandez-y une pâtisserie napolitaine typique, la *sfogliatella,* dont l'acteur Paul Sorvino m'a dit qu'il n'en a jamais mangé de meilleure en dehors de Naples. En ressortant, vous apercevrez la somptueuse église Madonna Della Difesa. Cet immense lieu de culte, désigné lieu historique national du Canada en 2002, a été inauguré en 1919 pour servir la communauté italienne croissante. Remarquez, parmi les fresques du célèbre artiste Guido Nincheri peintes avant la Deuxième Guerre mondiale, la présence de Benito Mussolini, alors adulé des Italiens. Pendant la guerre, parce qu'on appréhendait la destruction de ces œuvres, on les a abritées sous des panneaux de bois. Votre visite conclue, rendez-vous au parc Dante Alighieri qui se trouve juste à côté, asseyez-vous sur un banc et dégustez votre *sfogliatella.* La dolce vita, dans la Petite Italie, à Montréal. Non, ce n'est ni Rome ni la Via Veneto... c'est beaucoup mieux.

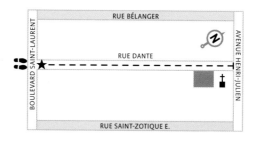

Le boulevard de Maisonneuve Ouest

Quand je me languis de New York et que j'ai envie de me balader dans l'Upper East Side, je joue les gros richards. J'enfile une tenue résolument BCBG (Ben Sherman ou Fred Perry), je chausse des Ray Ban, je m'engouffre dans le métro et j'en sors à la station Atwater (cette histoire de métro, ça reste entre nous, d'accord ?). Ensuite, j'emprunte le boulevard de Maisonneuve, direction ouest. J'observe, réjoui, les riches Westmountaises en vêtements griffés se rendre dans les boutiques de l'avenue Greene, les gouvernantes qui font prendre le frais à leurs protégés dans des poussettes design, les promeneurs de chiens qui se laissent entraîner au parc par une douzaine de toutous en laisse, les infirmières privées aux côtés de leurs patients qui négocient prudemment le trottoir en s'appuyant sur une marchette. Des troupes de domestiques et des bataillons de jardiniers assurent l'entretien d'imposantes maisons en rangées et de leurs jardins. Ce spectacle me captive tandis que je songe au fait que le secteur où je me promène, Lower Westmount, est le moins cossu de cette municipalité.

Quand une certaine piété m'inspire, j'entre à l'église Saint-Léon de Westmount, inaugurée en 1903, et j'admire, émerveillé, la beauté de ses fresques, de ses vitraux, de ses marbres et de ses boiseries spectaculaires, œuvres d'artisans italiens (devinez-vous quel est le fil conducteur de mon texte ?).

Ma promenade prend fin au parc Westmount, un des plus beaux jardins publics de l'île. Cette prodigieuse oasis de verdure, inspirée de Central Park, à New York, est ponctuée de ruisseaux, de ravins et de boisés. On y trouve une vaste piscine publique et des courts de tennis. La vue que ce parc offre de la montagne est à couper le souffle. En été, les jours de canicule, j'aime parcourir des heures durant ses sentiers méandreux en n'oubliant jamais que ce jardin est un mode de vie pour les moins nantis des Westmountais.

La rue Sainte-Rose

J'avoue que, lorsque je me suis promené ici pour la première fois à la fin des années 1980 ou au début des années 1990, ce n'était pas par goût de l'histoire, de l'architecture ou de la poésie urbaine. Je déambulais dans le village gai, j'étais jeune, et il faisait nuit. À vous de tirer vos conclusions. À ma promenade suivante, j'étais en compagnie de mon amoureux qui souhaitait me faire découvrir les trésors cachés du village. Ce «Faubourg à m'lasse» d'autrefois, un des secteurs les plus pauvres et l'un des premiers quartiers italiens de la ville (eh oui, nous avons vécu là aussi), a été embourgeoisé à compter de la fin des années 1970. Ses embourgeoiseurs (passez-moi le néologisme) ont été essentiellement les gais que le maire de l'époque, Jean Drapeau, qui désirait «assainir» Montréal en vue de ses précieux Jeux olympiques, avait chassés du centre-ville. Dans leur fuite vers l'est, les gais ont acheté de vieux logements décrépits et ils se sont jetés corps et âme dans ce que l'on considère comme étant le passe-temps national gai : la rénovation.

Ma promenade débute habituellement dans la rue Sainte-Rose à l'angle de la rue de la Visitation. Sainte-Rose se transforme peu après en ruelle étroite, puis elle redevient rue et débouche de façon spectaculaire dans l'avenue Papineau. Au croisement se trouve une très belle maison en pierre, datant de 1870, qui semble avoir été cueillie à l'intérieur des fortifications du Vieux-Québec pour être déposée au centre-ville de Montréal.

L'intersection Sainte-Rose et Dalcourt est la plus intéressante de toutes. Elle dessine une croix de maisons basses en rangées, en brique rouge, à toits plats. Il suffit de s'arrêter et de les observer un moment pour être catapulté en plein Liverpool ou en plein Manchester. Longez ces anciens logements, jetez un coup d'œil par-delà les portes cochères qui livraient autrefois le passage aux voitures tirées par des chevaux. Elles s'ouvrent maintenant sur des jardins luxuriants, soignés et enchanteurs. Lorsque je me promène dans ces rues la nuit (oui, je le fais encore, mais pour d'autres motifs), les esprits des anciens habitants du «Faubourg à m'lasse» m'accompagnent. Ils regardent avec moi par les fenêtres de ces maisons qui naguère étaient les leurs. Ils se demandent où s'en est enfuie la misère, et quand y est entrée la splendeur.

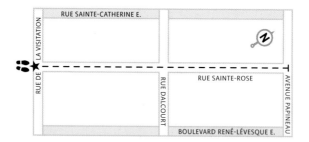

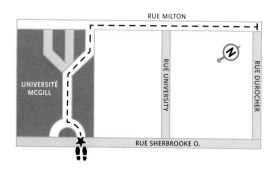

RUE MILTON

UNIVERSITÉ
MCGILL

RUE UNIVERSITY

RUE DUROCHER

RUE SHERBROOKE O.

Le ghetto McGill

J'ai toujours détesté l'école, mais l'image de l'étudiant et de la vie étudiante me séduit. Quand l'envie me prend de prétendre faire partie de cette vie, je vais flâner dans le ghetto McGill. C'est le quartier universitaire type.

Entamez votre promenade au portail Roddick, rue Sherbrooke, et engagez-vous dans l'allée qui traverse le campus de l'Université McGill, réputée être la Harvard canadienne. Fondée en 1821, McGill est une des universités les plus anciennes au Canada et la plus ancienne université montréalaise, ainsi qu'en témoignent ses nombreux et imposants immeubles en pierre grise. Vous verrez les étudiants se prélasser au soleil sur les magnifiques pelouses du campus, vous les verrez jouer au soccer, se lancer des Frisbee, bref, vous les verrez faire tout et n'importe quoi sauf étudier, comme se doit de le faire tout étudiant digne de ce nom. Mon credo ? Vous n'avez qu'une vie étudiante à vivre. Vivez-la, oubliez vos manuels et profitez de votre jeunesse !

Remontez l'allée principale et gravissez les marches du Pavillon des Arts, le tout premier des immeubles de l'université. Tournez-lui le dos et embrassez le campus du regard en songeant au fait que le répertoire des anciens étudiants de McGill compte plusieurs Prix Nobel, des boursiers de la fondation Cecil Rhodes et, surtout, des acteurs de Hollywood. De ce point d'observation privilégié, vous pourrez aussi admirer un splendide panorama de Montréal.

Tournez à gauche, quittez le campus par le portail Milton, et engagez-vous vers l'est dans la rue Milton, une des plus insolites en ville. Vous y croiserez des étudiants et des profs qui se rendent au campus ou en reviennent, ainsi que des habitants du ghetto, ronchonneux et d'un âge certain (les quartiers universitaires sont parfois fort bruyants jusqu'aux petites heures, et celui-ci ne fait pas exception à la règle). Les rues secondaires sont bordées d'élégantes maisons en rangée construites durant les années 1800, naguère demeures d'hommes d'affaires fortunés et de leur famille. La plupart de ces résidences ont beau avoir perdu leur éclat, elles n'en sont pas moins fort belles. En manière de plaisanterie, une amie qui sous-louait une de ces maisons déclarait vivre dans un domaine de millionnaire au décor de Dollarama. Son logement était vétuste, délabré, fissuré, et il prenait l'eau. Mais il était spectaculaire.

Dans la rue Milton, entrez à la librairie The Word, une boutique de livres usagés. Elle attire depuis longtemps une clientèle d'étudiants de McGill qui courent les aubaines. Sa vieille chaudière à gaz et son odeur de moisi évoquent les pittoresques librairies d'antan, celles d'avant l'invasion des Indigo et autres Chapters. Dans ma détermination à apprendre une langue étrangère, il m'arrive souvent d'y acheter un manuel d'apprentissage pour débutants. De retour chez moi, je m'y plonge avec assiduité, mais c'est peine perdue. Je ne retiens rien. Heureusement, je n'ai plus à appréhender les mauvaises notes.

Le Parc commémoratif de Montréal

JARDINS URGEL BOURGIE

Je suis de ceux qui aiment les cimetières. C'est une bonne idée : nous y abou-
tirons tous un jour ou l'autre, et le but de chacun n'est-il pas de résider en
permanence là où il se plaît ? Certes, on n'y vivra que mort, mais bon, rien
n'est parfait. Mes amis me trouvent un peu timbré parce que j'adore en scruter
les pierres tombales et calculer l'âge qu'avait à son décès la personne dont
je piétine littéralement la tombe. Les époux enterrés côte à côte m'émeuvent
beaucoup. En évaluant le laps de temps qui sépare le départ de chacun, j'arrive
souvent à la conclusion que celui qui est resté n'a survécu que sept ans, tout au
plus, à celui qui est parti. Si l'écart est plus grand, j'en déduis que leur amour
laissait à désirer. Je suis bizarroïde ? Oui. Et j'en suis fier.

J'ai découvert le Parc commémoratif de Montréal il y a dix ans, lorsque
j'ai enterré ma mère. Ce cimetière et le quartier où il est situé (le Vieux-Saint-
Laurent) m'ont tout de suite séduit. Chaque fois que j'allais rendre visite à ma
mère, du colombarium où se trouve sa niche mon regard glissait par-delà le
jardin des morts vers les cottages de style américain qui en bordent la lisière
est. Chaque fois, je me disais que, si un jour je devenais propriétaire, ce serait
d'une de ces maisons.

Dix ans s'écoulent. Je fais la connaissance de celui qui partagera ma vie. Il
habite un de ces cottages. Deux ans après notre rencontre nous emménageons
ensemble et, comme tous bons gais qui se respectent, nous rénovons et nous
construisons une annexe. Me voici donc copropriétaire d'une des maisons dont
je désirais faire l'acquisition. De la fenêtre de la chambre, au deuxième, j'ai
une vue en plongée sur le Parc commémoratif, ses arbres adultes, ses pelouses
manucurées.

Le cimetière a été conçu par Frederick Gage Todd, un architecte paysagiste
ayant fait ses premières armes auprès de la firme responsable de la conception
de Central Park à New York et du parc du Mont-Royal à Montréal. Plutôt petit,
ce cimetière vaut néanmoins le détour. Aux jours humides et étouffants de
l'été, ses innombrables saules pleureurs lui confèrent une ambiance de bayous
et de blues. On se croirait à La Nouvelle-Orléans. Tout en échangeant des saluts
avec les joggers et les fossoyeurs qui croisent mon chemin, je passe parfois des
heures dans ce cimetière enclos à lire les élégantes plaques commémoratives
en bronze qui marquent par terre l'emplacement des tombes. Il est ouvert à
tous, on n'y suit pas un tracé précis, on se contente de déambuler le long de ses
nombreux sentiers qui conduisent à différentes zones thématiques évocatrices
du repos éternel (le contraire serait étonnant). À ma connaissance, aucun per-
sonnage célèbre n'y est enterré. N'y cherchez pas la tombe d'une quelconque
vedette — du moins, tant et aussi longtemps que je n'aurai pas trépassé moi-
même. Goûtez le sentiment de bien-être que procure un parc commémoratif
auquel on a l'audace de ne pas résister. On peut tirer une belle leçon de vie des
cimetières : quand j'ai les bleus, quand tout m'écrase, je regarde par la fenêtre
de ma chambre et je me dis que la situation pourrait être bien pire. Je pourrais
être mort.

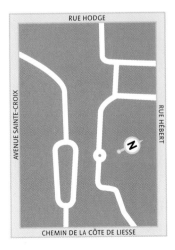

RUE HODGE

AVENUE SAINTE-CROIX

RUE HÉBERT

CHEMIN DE LA CÔTE DE LIESSE

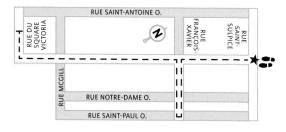

Les environs de la Place d'Armes

Croyez-le ou non, Montréal a été naguère la plus grande ville du Canada, sa ville la plus riche et son centre financier. Les jours de Montréal en tant que centre de la finance et des affaires sont bel et bien révolus, mais le quartier qu'on qualifiait alors de Wall Street canadien existe toujours et il est florissant.

À l'intersection des rues Saint-Sulpice et Saint-Jacques, enfilez dans Saint-Jacques, direction ouest. Le premier arrêt que je propose est l'édifice de la Banque de Montréal. Inaugurée en 1847, cette magnifique construction de l'architecte John Wells — inspirée de la Commercial Bank of Scotland que David Rhind érige à la même époque à Édimbourg dans un style néo-gothique qui évoque le Panthéon romain — a été le siège social de la première des banques canadiennes. Son architecture intérieure est époustouflante. Avec ses colonnes de marbre vert qui supportent un plafond peint en or, elle suggère beaucoup plus un temple qu'une simple institution bancaire. En sortant, vous apercevrez, par-delà la Place d'Armes, la basilique Notre-Dame qui, jusqu'à la construction de la cathédrale Saint-Patrick de New York, a été le plus vaste temple religieux en Amérique du Nord. J'ai souvent visité cette église pour m'imprégner de sa sérénité et de sa splendeur (elle est absolument somptueuse), mais depuis que les autorités constituées ont décidé d'y prélever un droit d'entrée, je satisfais ailleurs ma soif de beauté et de quiétude.

Poursuivez votre route vers l'ouest jusqu'à Saint-François-Xavier. Prenez à gauche et marchez vers le sud jusqu'à ce que vous tombiez sur un superbe édifice d'esprit néoclassique, l'ancienne Bourse de Montréal. Construite en 1903, elle a été conçue par le même architecte qui a dirigé la construction de la Bourse de New York dans Wall Street, et elle abrite maintenant le Centaur Theater. Si l'intérieur en a été modifié, sa façade est demeurée intacte. La légende veut que les fantômes de riches spéculateurs qui se sont suicidés après avoir perdu toute leur fortune durant la Crise de 1929 hantent les lieux.

Revenez sur vos pas dans la rue Saint-François-Xavier pour remonter jusqu'à la rue Saint-Jacques et tournez à gauche. Vous voilà dans un secteur chouchouté par les producteurs de films américains qui souhaitent recréer l'opulence du vieux New York. Le luxueux hôtel St-James occupe l'angle des rues Saint-Jacques et Saint-Pierre. C'est là que débarquent Madonna et U2 quand ils viennent chez nous. La tour de la Banque Royale, inaugurée en 1928, se trouve juste en face. À cette époque, ce gratte-ciel était le plus élevé de tout l'empire britannique.

Si vous continuez vers l'ouest, vous croiserez la rue McGill. Traversez-la pour accéder au square Victoria, si élégant et si urbain avec ses arbres, ses fontaines et son monument à la reine Victoria. Marchez direction nord jusqu'à l'entrée proprement parisienne de la station de métro Square-Victoria. Son gracieux édicule de type art nouveau provenant du métro de Paris, offert à la ville de Montréal en 1967 par la Régie autonome des transports parisiens, est le seul du genre en dehors de Paris. Juste à côté du square se trouve la Tour de la Bourse, une tour de bureaux de 47 étages qui — son nom le dit — abrite la Bourse de Montréal. C'est curieux, n'est-ce pas? Lorsque Montréal était le centre financier du Canada, son édifice de la Bourse n'avait que trois étages, et maintenant, celui-ci en compte 47. Ça n'a pas de sens, vous me direz. Mais au fond, quand tant d'histoire et tant de beauté nous entourent, on s'en fout.

LES ENVIRONS DE LA PLACE D'ARMES

Le fantôme de Griffintown

Assez marché. Faisons une petite pause. Rendez-vous à Griffintown. N'oubliez pas votre chaise de jardin. Nous allons passer une bonne partie de la nuit à attendre le fantôme de Mary Gallagher.

Mary Gallagher, une prostituée, aurait été assassinée par son amie et collègue péripatéticienne Susan Kennedy le 27 juin 1879. La légende veut que les deux catins se soient rendues place Jacques-Cartier où elles se sont enivrées et où Gallagher a racolé un client, un jeune homme du nom de Michael Flanagan. Ensemble tous les trois, ils sont rentrés chez Kennedy, à Griffintown, à l'angle des rues William et Murray. Durant la nuit, dans une crise de jalousie éthylique, Kennedy a décapité la pauvre Mary à coups de hache et jeté sa tête dans un seau d'eau, à côté du poêle.

On dit que, depuis, le fantôme de Mary Gallagher revient hanter le quartier tous les sept ans à la recherche de sa tête et qu'à cette occasion, les habitants de Griffintown — ceux d'hier et ceux d'aujourd'hui — se rassemblent à l'intersection maudite où il n'y a plus qu'un terrain vague. Là, calés dans des chaises de jardin avec une bonne provision d'alcool, ils attendent la venue du fantôme sans tête. Bien sûr, attendre qu'un fantôme apparaisse est une excuse comme une autre pour tout vrai Montréalais qui veut faire la fête. Mais à Griffintown, cette nuit d'expectative permet aussi aux anciens habitants du quartier de se remémorer le bon temps dans un secteur de la ville que le maire Jean Drapeau a pour tout dire rasé afin d'y construire un chef-d'œuvre de hideur : l'autoroute Bonaventure.

Heureusement, après des décennies de négligence, Griffintown est en train de revivre et les condominiums y poussent comme des champignons. C'est bien. Mais moi j'ai peur qu'on érige des copropriétés sur les lieux mêmes où habitait Susan Kennedy et que la pauvre Mary Gallagher soit contrainte de cracher des frais de condo exorbitants pour le privilège de chercher sa tête. Sa prochaine visite est prévue pour juin 2012. Soyez-y. J'y serai.

Le village de Pointe-Claire

CHEMIN DU BORD-DU-LAC-LAKESHORE

J'ai dit, n'est-ce pas, que mon Montréal englobe toute l'île, et cette promenade en est la preuve. Lorsque je me rends au chemin du Bord-du-Lac-Lakeshore dans le joli village de Pointe-Claire, à l'extrémité ouest de l'île, j'ai toujours l'impression de me cogner le nez sur la frontière de l'Ontario.

Situé sur les rives du lac Saint-Louis, ce court tronçon du chemin du Bord-du-Lac-Lakeshore, avec son superbe panorama lacustre, prend naissance à l'avenue Cartier et s'achève à l'avenue du Golf.

C'est un chemin scénique bordé de constructions vieilles d'un siècle qu'oc-cupent des boutiques, des restaurants et des cafés. L'architecture y est hétéro-clite : certains édifices évoquent le Vieux-Québec tandis que d'autres ont des allures de Nouvelle-Angleterre. J'adore fouiner dans ces boutiques, ma préfé-rée étant Lois Butler, un commerce de cadeaux et d'articles de décoration où j'ai trouvé des lustres magnifiques. Je suis italien : je sais reconnaître un beau lustre quand j'en vois un. Tenez-vous-le pour dit.

En sortant de chez Lois Butler, lustre en main, je prends par la rue Sainte-Anne qui finit au lac. Avec un peu de chance, les portes de la majestueuse église néo-gothique de Saint-Joachim de Pointe-Claire sont ouvertes. Si c'est le cas, je pénètre dans cette structure érigée en 1885 et me retourne pour regarder dehors. Devant l'église, une statue du Christ tend les bras vers le lac comme pour l'embrasser — vision sublime qui suffirait à faire un croyant d'un athée. Il m'arrive d'être tenté de m'agenouiller devant l'autel pour dire une prière, mais le lustre que je porte est toujours trop lourd et je retourne à ma voiture. Évidemment, rien ne m'empêche d'allumer un lampion, vous me direz, mais cela rognerait mon budget-lustre, et je sais que le Christ veut que j'aie chez moi tous les lustres dont j'ai envie.

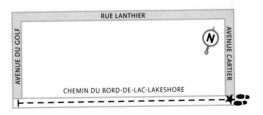

Boutiques

Selon la légende, mes premiers mots auraient été «Ces couches sont-elles disponibles dans d'autres couleurs?» Vous avez deviné: je suis un mordu de la mode depuis ma naissance. J'avais une tante couturière à ses heures. Quand je voyais à la télé une vedette porter un ensemble qui me plaisait, je demandais à ma tante de le reproduire. Elle acceptait toujours. Pour ma rentrée scolaire en sixième année, elle m'avait confectionné un *jumpsuit* mauve dernier cri que j'avais agrémenté d'un pendentif symbole de la paix et d'une ceinture à maillons dorés. Pour compléter l'ensemble: des chaussures blanches à plateforme. C'était durant les années 1970, je ne manquais pas d'audace et je m'étais mis dans la tête de ressembler à l'Elvis de Las Vegas. Mais si je peux me permettre un petit conseil: quand votre fils ou votre neveu de 12 ans vous demandera de lui confectionner un *jumpsuit* mauve pour aller à l'école, prenez son bien-être à cœur et opposez-lui un refus catégorique. Mon premier jour d'école, cette année-là, a été remarquable — c'est le moins qu'on puisse dire.

Montréal est un véritable paradis pour les mordus de la mode depuis sa fondation il y a environ quatre cents ans, mais j'avoue que, depuis quelque temps, nous nous laissons devancer. Les Montréalais sont à n'en pas douter encore très chics, mais nous manquons sérieusement de boutiques de mode masculine. J'ai trouvé des vêtements plus cool qu'ici à Portland, Maine. C'est dire... Si les fringues du Maine l'emportent sur nos fringues à nous, nous n'avons plus qu'à nous flinguer! J'ai prospecté l'île de fond en comble pour établir une liste de boutiques dignes de ce nom. Sachez que je refuse d'y inclure ces atrocités à plusieurs niveaux où il faut des lunettes d'approche pour trouver des vendeurs. Mon mandat incluait aussi un survol des boutiques d'articles de mode pour femmes, mais n'étant pas femme moi-même, j'ai demandé à quelques créatures formidables si a) elles acceptaient de contribuer au succès de mon livre en devenant mes amies et b) dans quelles boutiques elles faisaient leurs emplettes et pourquoi.

Prêts? Vous ne trouverez pas de *jumpsuits* mauves dans les commerces de ma liste, je vous en fais le serment. Mais si par malheur vous en dénichez un quand même et que la vendeuse roucoule que ça vous donne un petit genre irrésistible, pour l'amour du ciel, ne la croyez pas!

★ DUO ★ E.N.R.G.XCHANGE ★ ERKE ★ ITALIAN RAGS
★ PODIUM ★ SSENSE ★ TIGER OF SWEDEN ★ TOZZI
★ WESC ★ ADAM & ÈVE ★ BILLIE ★ ESPACE PEPIN
★ HELMER ★ HENRIETTE L. ★ LYLA

Duo

J'ai acheté une montre Dolce & Gabbana ici il y a quelques années. Le bracelet ne me plaisait pas outre mesure, mais la montre, si. Pierre, un des associés de la boutique DUO, m'a dit qu'il en remplacerait volontiers le bracelet pour moi dès qu'il en aurait reçu de nouveaux. Quelques jours plus tard, il m'appelle. Les bracelets sont arrivés. Je saute dans un taxi. Tel que promis, Pierre troque le bracelet de ma montre contre un bracelet noir. Quand je lui demande combien je lui dois, il sourit : c'est la maison qui offre. À compter de ce jour, la boutique DUO est devenue un de mes péchés mignons. J'y ai acheté tant de vêtements, de chaussures et d'accessoires que, lors de l'ouverture de la deuxième boutique juste à côté, j'ai dit à la blague qu'il serait juste qu'elle porte mon nom.

Duo est une boutique de luxe pour hommes, polyvalente et très design. On y trouve des chaussures, des accessoires, des fragrances masculines et des montres, notamment l'impressionnante U-Boat de conception italienne. C'est là que j'ai découvert les jeans Cheap Monday qui me vont à la perfection et ne coûtent que soixante-dix dollars environ, et des marques telles que Naked and Famous, Nudie et Hudson. DUO tient aussi, entre autres, les marques Neil Barett, Adam Kimmel, Dsquared2, Gant, Yves Saint Laurent, Paul Smith, Y-3 et McQ. Pour les vêtements chics et décontractés de tous les jours ou les tenues spectaculaires des soirs de première, une adresse à retenir : DUO.

Hélas, la deuxième boutique ne porte toujours pas mon nom. Mais dis donc, Pierre, maintenant que je parle de toi dans mon guide, tu ne crois pas que... si jamais tu ouvrais une troisième boutique... tu ne pourrais pas au moins y installer une cabine d'essayage Steve Galluccio ? Ça me suffirait.

E.N.R.G.Xchange

J'ai acheté mon premier manteau griffé dans cette boutique, au début des années 1990, quand elle était située dans le boulevard Saint-Laurent. Un manteau signé Jean Paul Gaultier. Je me souviens de m'être regardé dans la glace et d'avoir pensé : « Est-ce que j'ai vraiment les moyens de m'offrir ça ? » Eh bien, oui. « Comment se fait-il qu'un Jean Paul Gaultier soit si abordable ? » ai-je demandé à la dame derrière le comptoir. Sa réponse : « Nous nous spécialisons dans les vêtements griffés à mini-prix. » Des vêtements griffés à mini-prix ? Pince-moi, je rêve...

La boutique de Connie Burcheri est maintenant installée aux Cours Mont-Royal depuis 1994, mais son concept n'a pas changé. On y trouve encore à petit prix certains des plus grands noms de la mode masculine et féminine : Dolce & Gabbana, Versace, Ferre, Cavalli, Galliano, Energie, Bikkembers... un choix qui donne le tournis. C'est avec raison que, de 17 à 77 ans, les mordus de la mode fréquentent E.N.R.G.XCHANGE : y a-t-il un autre endroit à Montréal où l'on peut se vêtir de grandes marques des pieds à la tête sans devoir hypothéquer sa maison ? Mais la cerise sur le gâteau est que les taxes sont incluses dans les prix ! Que dites-vous de ça ? Personnellement, je confierais volontiers mon premier né à une boutique qui parvient à me faire oublier que je dois remettre mon argent durement gagné aux gouvernements provincial et fédéral. D'ailleurs, je l'ai fait. Le type qui tient la caisse, c'est mon premier né. Juré craché.

Erke

1530, BOUL. DE MAISONNEUVE OUEST

Je suis si peu sportif que jamais je n'aurais envisagé d'inclure un magasin de vêtements de sport dans ce répertoire, mais je n'ai pas pu résister à celui-ci. J'ai découvert Erke par pur hasard. J'attendais quelqu'un non loin de la station de métro Guy-Concordia quand j'ai entendu la musique tonitruante que crachait un haut-parleur placé à l'entrée d'une boutique derrière un échafaudage. J'y suis entré. Le vendeur m'a accueilli en disant: « J'espère que la musique n'est pas trop forte. On essaie d'attirer l'attention des gens. À cause des travaux, personne ne nous voit. » De toute évidence, la stratégie avait fonctionné.

En entrant chez Erke, j'ai été tout de suite frappé par les étalages de couleurs vives. Il y avait là des vêtements, des chaussures et des accessoires de sport pour hommes et pour femmes dans des teintes éclatantes de rouge, de jaune et de bleu. Un mur entier de chaussures de sport a retenu mon attention, et je suis sur-le-champ tombé amoureux d'une paire de baskets bleu turquoise dont le prix était ridiculement bas. Malheureusement, on n'avait pas ma pointure, mais le vendeur m'a dit « Donnez-moi une heure et j'irai vous en chercher une paire à notre entrepôt de Griffintown. » D'accord. Je suis allé flâner dans les alentours et, quand je suis revenu, mes superbes baskets turquoise m'attendaient. Parlez-moi de ça. Ça, c'est du service.

La marque Erke est fabriquée en Chine et est très populaire en Europe. Avec ses produits sans danger pour l'environnement, le groupe Erke commandite des événements sportifs très prestigieux. La boutique dont je vous parle est sa première succursale à Montréal. Elle mérite une visite. J'y retournerai moi-même très certainement. Un commerce où l'on n'hésite pas à se déplacer pour trouver la pointure qui me convient est assuré de ma clientèle!

6786, BOUL. SAINT-LAURENT

Italian Rags

Pendant les enregistrements de ma série télévisée *Ciao Bella,* dans la Petite Italie, j'allais souvent me balader dans les environs parce que j'avais beaucoup de temps libre (ma présence était rarement requise sur le plateau). C'est ainsi que j'ai découvert ce petit bijou de boutique — Italian Rags qui, à l'époque, portait le nom de Nolita. Je m'y rendais tous les jours, j'y achetais quelque chose, et je revenais en hâte au studio brandir ma trouvaille aux yeux de tous. Au début, ça les a amusés. Mais quand on avait besoin que je retravaille une scène, si on me cherchait partout sans me trouver parce que j'étais en train de dépenser mon argent chez Italian Rags, c'était beaucoup moins drôle. Mon émission a quitté l'antenne depuis belle lurette — mes emplettes m'occupaient trop pour que je puisse développer des intrigues bien menées — mais je suis resté fidèle à Italian Rags. Cette boutique de mode masculine et féminine tient des marques telles que Rare, G-Star, Miss Sixty et Scotch and Soda.

Les prix y sont extraordinaires : imaginez des soldes de l'Après-Noël à longueur d'année. J'y trouve des vêtements griffés à si bas prix que j'ai parfois l'impression de faire du vol à l'étalage. Il n'y a aucun doute qu'on trouve là les meilleures aubaines en ville. N'oubliez pas que je suis italien : nous savons flairer les bonnes affaires et nous ne payons jamais le plein prix. Jamais. C'est notre façon à nous de nous donner de l'importance.

Podium

1321, RUE SAINTE-CATHERINE EST

Il était une fois une merveilleuse boutique pour hommes appelée «Un autre monde». En tant qu'habitué, j'y bénéficiais d'une remise de vingt pour cent. Mais un jour, le sort a voulu que la boutique ferme ses portes. J'en ai versé des larmes amères pendant un an.

Imaginez mon ravissement quand, me promenant dans le village gai par un bel après-midi, j'aperçois une nouvelle boutique et vois, par la vitrine, nul autre que mon vieux copain Tim de «Un autre monde»!!! Il venait d'ouvrir un nouveau commerce rue Saint-Catherine, un peu à l'est du précédent.

La spécialité de Podium est le prêt-à-porter masculin d'importation, offert en exclusivité. Tim parcourt le monde pour remplir ses rayons d'articles uniques en provenance du Japon, de Shanghai, d'Italie et d'Espagne. Chics et décontractés, ces vêtements se remarquent par leur polyvalence. On peut les porter l'après-midi pour siroter un espresso, puis filer à un 5 à 7, aller souper en ville et finir la soirée au bar sans devoir se changer. Qui plus est, ils sont spectaculaires quand on les retire un à un pour épater une conquête d'un soir! Podium tient aussi des chaussures et des accessoires sensationnels tels que des bijoux pour hommes, des lunettes de soleil et des sacs fourre-tout. Tout y est absolument cool, tout y est fabuleux. S'habiller chez Podium c'est s'offrir un look d'exception.

90, RUE SAINT-PAUL OUEST

SSense

Quand je me dis que je mérite une gâterie, je fais un saut chez SSENSE. Gars ou fille, on y trouve absolument tout ce qu'on désire — sinon à la boutique traditionnelle, du moins à la boutique virtuelle. SSENSE a ouvert sa première boutique-phare il n'y a pas si longtemps dans le Vieux-Montréal. L'endroit est fantastique : figurez-vous qu'on y commande volontiers pour vous des vêtements de la boutique en ligne pour que vous puissiez les essayer en chair et en os en magasin ! S'ils ne vous vont pas ou si vous ne les aimez pas, vous n'êtes pas tenu de les acheter.

SSENSE tient plusieurs marques prestigieuses, d'Alexander McQueen à Diesel en passant par Givenchy et Levi's, et son inventaire est un des plus riches que je connaisse. Son décor tout de brique et de pierre est d'une élégance raffinée et très moderne, digne des marques élégantes, raffinées et modernes qu'il abrite. Depuis que SSENSE a pignon sur rue, les Montréalais branchés ont la confirmation de ce qu'ils savaient depuis un certain temps déjà : ce n'est plus au Plateau Mont-Royal que ça se passe, mais dans le secteur ouest du Vieux-Montréal.

Tiger of Sweden

1130, BOUL. DE MAISONNEUVE OUEST

Quand mon deuxième film, *Comment survivre à sa mère (Surviving My Mother)*, a participé au Festival des films du monde de Montréal, il m'a bien évidemment fallu trouver une tenue de gala. J'ai magasiné des jours durant pour finir par trouver un superbe costume inspiré des années 1960, de marque Tiger of Sweden. Ma tenue a eu un succès fou et mon film a remporté le prix du film canadien le plus populaire. J'en ai conclu que Tiger of Sweden me portait bonheur.

L'an dernier, j'ai eu la chance d'assister à la remise des Tony Awards, à New York. Hop! Je file m'acheter un costume chez Tiger of Sweden. Quand je monte sur scène pour recevoir mon trophée au Radio City Music Hall, j'ai une allure du tonnerre!

Hélas… Les choses ne se sont pas exactement passées comme ça. Je n'ai rien gagné du tout. Je n'étais même pas en nomination. Mais parce que je portais du Tiger of Sweden, j'étais convaincu que je revivrais ce soir-là mon triomphe du FFM. J'étais de bonne foi, si vous voulez savoir. Mais je ne peux pas en dire autant du gardien de sécurité qui m'a fichu dehors dans la Sixième avenue en cette soirée magique.

On ne trouve pas que des tenues de gala chez Tiger of Sweden. La boutique tient aussi des fringues décontractées pour hommes et femmes: jeans, t-shirts, vêtements d'extérieur, chaussures, accessoires divers. Brad Pitt est de ceux que séduit cette marque créée en Suède en 1903. De quoi Brad Pitt peut-il bien avoir l'air dans un costume Tiger of Sweden? J'essaie de me le figurer. L'ennui est que, quand je pense à Brad, il est toujours tout nu.

2115, RUE CRESCENT

Tozzi

L'habit ne fait pas le moine, dit-on. Je ne suis pas de cet avis. Si votre boutique est laide à faire peur, je n'en passerai même pas le seuil. Vous auriez beau y vendre les marques les plus convoitées à des prix de braderie, ça me serait égal. Je suis italien. Pour un Italien, *la bella figura* (la belle apparence) compte par-dessus tout.

Le design de la boutique Tozzi m'a tout de suite attiré quand je suis passé devant : un parquet et un plafond en bois dur, des lignes épurées, des surfaces nettes sans aucun désordre. En entrant, j'ai eu sur-le-champ envie d'y vivre (ça compte beaucoup pour moi : si j'ai envie d'y vivre, j'ai envie d'y dépenser mon argent). Sise parmi les splendeurs victoriennes du Golden Square Mile (parfois hideusement francisé en Mille carré doré), Tozzi est une boutique de prêt-à-porter masculin haut de gamme. Le propriétaire, Ricky Tozzi, rapporte de Scandinavie, de Grande-Bretagne, de Los Angeles et de Montréal des créations « décontractées qui ont beaucoup de classe ». « Classe », voilà le mot à retenir. Les chaussures et les bottes y sont aussi très cool, de même que les ceintures, les portefeuilles ou les bracelets importés de Los Angeles, les lunettes de soleil griffées ou les eaux de toilette chics signées Prada, Yves Saint Laurent et Hugo Boss... Comment ne pas trouver la vie belle dans des effluves de Prada ?

TOZZI

WeSC

1387, RUE SAINTE-CATHERINE OUEST

J'ai acheté mon premier molleton à capuche de marque WeSC à New York, dans la rue Lafayette, il y a environ deux ans. Il est très chouette, tout noir avec son logo blanc dans le dos. Il me donne un petit air skateur métissé de hip hop qui me plaît assez.

WeSC a pignon sur rue à Montréal depuis peu. On y déniche des chemises, des t-shirts, des jeans, des molletons à capuche, des accessoires et des chaussures. Les enfants aussi y trouvent leur compte, mais attention papa et maman : pour porter du WeSC avec panache, vos gamins doivent être de purs produits de la ville et parfaitement branchés. Tout, dans cette boutique est urbain et cool, mais sans chercher à l'être. Cool spontanément. Naturellement cool. En fait, c'est si cool que ça vous donne envie de traîner là à longueur de journée et de devenir le copain hyper-cool des employés hyper-cool. Et les jeans WeSC sont formidables. Vous voulez que je vous dise pourquoi ? Vous en êtes sûrs ? D'accord. Ces jeans sont formidables parce qu'ils me font un cul sublime. Voilà pourquoi j'ai inclus cette boutique dans mon guide. Parce qu'elle est hyper-urbaine (comme moi), hyper-cool (j'essaie), et parce que, dans un jean WeSC, mon cul de 51 ans est irrésistible.

1206, AVENUE DU MONT-ROYAL EST

Adam & Ève

Lors de premières ou sur des plateaux de tournage, Catherine Beauchamp m'a souvent brandi son micro rose sous le nez. C'est une jeune femme sémillante, toujours élégante et affable. Aux réceptions de premières où l'on s'est retrouvés à plusieurs reprises, on peut dire qu'on s'est vraiment donnés du bon temps !

Une des boutiques de prédilection de Catherine est Adam & Ève. Elle l'aime pour son vaste choix de robes qui sortent de l'ordinaire. Elle dit aussi qu'on y trouve des aubaines sensationnelles. La boutique, récemment rénovée, offre des vêtements tendance par des designers québécois qui se démarquent par leur originalité : Los Encantados, Judy design et Funambulle.

Choix de Catherine Beauchamp, animatrice, Le Tapis rose de Catherine

Billie

1012, AVENUE LAURIER OUEST

Quand Anne-Marie Cadieux entre en scène, la scène lui appartient. Un point c'est tout. Son jeu ensorcelant, émouvant, parfois même déchirant est proprement inoubliable. On y repense pendant des jours et des jours. Elle a tenu un petit rôle dans *Ciao Bella* et je me languis de lui en confier d'autres.

Le choix d'Anne-Marie est Billie, avenue Laurier. Voici ce qu'elle en dit : « On y déniche de jolies petites robes, pantalons, t-shirts, chaussures, bottes et bijoux. La boutique est très jolie et tient des marques comme Tara Jarmon, Velevet, Roberto Rodriguez, Designers Remix, James Perse, et les jeans Citizen of Humanity. Il y a un boudoir à l'arrière où on essaie les vêtements. C'est très sympa... J'y trouve souvent une robe pour un événement. »

Choix d'Anne-Marie Cadieux, comédienne

350, RUE SAINT-PAUL OUEST

Espace Pepin

Je connais Varda depuis que, comme moi, elle était une habituée du Shed Café au début des années 1990. En plus d'être une écrivaine de grand talent, cette femme respire la beauté, le chic et l'élégance par tous les pores de la peau. Son plus récent roman, *Femmes de gangsters*, m'a littéralement transporté.

La boutique qu'a choisie Varda pour mon guide est Espace Pepin, une galerie-boutique du Vieux-Montréal. Varda adore les designers québécois dont les œuvres y sont présentées, notamment Denis Gagnon et Barila. Cette galerie-boutique propose aussi un choix raffiné de bijoux conçus et réalisés par des créateurs montréalais.

Choix de Varda Étienne, animatrice, auteure de Maudite folle *et* Femmes de gangsters

Helmer

2020, BOUL. SAINT-LAURENT

J'ai eu l'honneur et le privilège de travailler avec Julie LeBreton dans ma série télévisée *Ciao Bella*. Comédienne accomplie, Julie joue au théâtre, à la télévision et au cinéma. Elle est une des personnes les plus généreuses que je connaisse, outre à avoir beaucoup d'esprit, un grand brin de sagesse et un féroce sens de l'humour.

Julie est une inconditionnelle du designer Joseph Helmer. Pour une première ou pour un gala de remise de prix, elle sait qu'elle trouvera, parmi ses créations haute couture, des tenues d'exception parfaitement adaptées à sa belle individualité. Ouverte il y a deux ans, la boutique Helmer offre aussi du prêt-à-porter et des robes de mariée du designer.

Choix de Julie LeBreton, comédienne

1031, AVENUE LAURIER OUEST

Henriette L.

Depuis environ douze ans que Nathalie Goodwin est mon agent, je lui en ai fait voir des vertes et des pas mûres ! Elle tolère mes grognes de fin de soirée, mes grognes du matin, mes grognes de l'heure de l'apéro... et toujours avec le sourire. Elle répond immanquablement quand je l'appelle, elle prend mes textos même pendant le week-end, et elle sait me calmer quand mon métier me précipite dans une crise d'angoisse névrotique (souvent). Mon comportement ne nous a pas empêchés de devenir de grands amis. Les Goodwin sont du reste pour moi une seconde famille. Bien que plus âgé qu'elles, je suis en quelque sorte le petit frère que Nathalie et Marie-Claude n'ont jamais eu.

Comme elle le dit elle-même, Nathalie a porté son choix sur la boutique Henriette L. parce que « sa propriétaire, Henriette Lamarre, ainsi que toute son équipe offrent un service personnalisé et tellement agréable. On y trouve des vêtements et des accessoires uniques pour toutes les occasions. » On aura compris que Nathalie adore Henriette L !

Choix de Nathalie Goodwin, agent

Lyla

400, AVENUE LAURIER OUEST

C'est au Gala des prix Gémeaux qu'Isabelle Langlois et moi nous sommes croisés le plus souvent. Une année où nous étions tous les deux en nomination dans la même catégorie, elle a gagné et j'ai perdu. Je parie qu'elle se demande encore qui lui a fait un croc-en-jambe quand elle s'est rendue sur scène chercher son trophée. Isabelle et moi sommes devenus de très bons amis dans Facebook (vous n'ignorez pas qu'un écrivain passe beaucoup de temps devant son ordinateur — autrement dit, dans Facebook). Nous adorons nous y livrer à de méchants duels de mots.

Isabelle a opté pour la boutique Lyla. Les fringues y sont sensationnelles, les chaussures raffinées, le bling élégant (ce n'est pas contradictoire) et la lingerie fine absolument sexy. Isabelle affirme que Lyla vend des vêtements qu'on ne trouve pas ailleurs et que le service tient beaucoup plus de la consultation que de la simple vente.

Choix d'Isabelle Langlois, scénariste (Rumeurs, Mauvais Karma)

Cafés

Les listes des cafés où l'on sert «le meilleur espresso à Montréal» me donnent de l'urticaire. J'ignore où les journalistes qui préparent de telles listes ont obtenu leurs titres de compétences, mais ils ne connaissent manifestement rien aux qualités d'un bon espresso. Peut-être ont-ils été toute leur vie durant victimes du café instantané? Peut-être se sont-ils laissé séduire par le look ou le logo d'une machine à café ultrachic? Sachez que ce n'est pas la machine qui fait qu'un espresso est bon, mais le barista. La réussite d'un espresso relève de l'art. Exemple: un jour que je me trouvais dans un café appartenant à une chaîne, j'ai constaté que la jeune fille affectée au fonctionnement d'une superbe machine à café espresso d'importation ne savait tout simplement pas ce qu'elle faisait. Elle m'a servi ce que ma mère aurait qualifié d'«eau de vaisselle crasseuse» et m'a abandonné à mon sort. L'espresso était imbuvable. Je suis retourné deux fois lui demander de m'en préparer un autre. Malgré l'envie qui me tenaillait d'enjamber le comptoir pour préparer mon café moi-même, je suis resté où j'étais et j'ai donné des instructions à la jeune fille. C'est simple, ai-je dit, mettez plus de café. Elle a pris une plus grande tasse et l'a remplie de café. J'ai tenté de lui expliquer que je ne voulais pas plus d'eau dans le café, mais plus de café dans la machine. Ça ne lui entrait tout simplement pas dans la tête. Comprenant que c'était peine perdue, j'ai jeté le contenu de ma tasse dans la poubelle. Elle m'a regardé, l'air de dire «complètement débile», et s'est remise à parler des exploits de son petit ami avec sa collègue de travail.

J'ai été initié au café en très bas âge. Quand j'étais petit et que mon père m'amenait avec lui dans la Petite Italie, il s'arrêtait toujours au Caffè Italia. Il buvait son espresso debout, au comptoir, ce qui est la façon correcte de boire un espresso. Moi, je préfère le boire assis à une table. Il faut dire que je n'ai jamais été quelqu'un de correct.

Je suis devenu un véritable amateur de café au début des années 1980, pendant mes études universitaires. Je fréquentais alors le Café Via Crescent, où j'avalais cappuccino sur cappuccino entre deux renouvellements d'ordonnance pour des anxiolytiques. Dans le temps, il était facile de se faire prescrire à peu près n'importe quoi par son médecin,

★ ARTS CAFÉ/CAFÉ DES ARTS ★ LILI & OLI
★ CAFÉ NÉVÉ ★ CAFÉ OLIMPICO – OPEN DA NIGHT
★ CAFÉ SAINT-HENRI ★ CAFFÈ ITALIA
★ OLIVE + GOURMANDO ★ PÂTISSERIE DOLCI PIÙ
★ SHÄIKA CAFÉ ★ VASCO DA GAMA

mais ce n'est plus le cas, et les années 1980 me manquent terriblement...
mais je m'égare.

Voilà trente ans que je vis pratiquement dans les cafés. C'est dans les
cafés que j'écris ; dans les cafés que j'écoute les conversations qui aboutiront dans mes scénarios ; dans les cafés qu'avec mes copains je casse du
sucre sur le dos de nos amis communs ; et quand j'étais célibataire, c'est
dans les cafés que je draguais.

Quelles qualités doit avoir un établissement pour que je le fréquente ?
C'est très simple : un espresso réussi et une ambiance sympathique. Montréal a malheureusement été envahie par de grandes chaînes où l'on sert un
café infect (sauf Starbucks ; si vous ne pouvez absolument pas vous passer
de boire un espresso de grande chaîne, allez chez Starbucks), mais il subsiste encore en ville quelques bistrots qui me rappellent le temps béni où
Montréal était La Mecque nord-américaine des amateurs de vrai café.

Excentriques, accueillants, élégants ou rustiques, les établissements ci-
après vous feront vivre une expérience caféinée proprement galluccienne.
Laissez un Italien vous orienter vers le parfait espresso. Nous avons été
initiés à l'espresso au sein maternel. Notre incurable agitation en est la
preuve.

Arts Café/Café des arts

Arts Café ou Café des arts, l'un ou l'autre se dit ou se disent. On y est fier que le Franglais, le Molespeare ou le Shakespière y soit la langue officielle, bref, que le français et l'anglais y cohabitent pacifiquement, comme presque partout ailleurs à Montréal. Dans ce café situé rue Fairmount, juste en face du Collège français, j'aime m'asseoir à une table devant la fenêtre pour observer les bienséantes Outremontoises et la bohème étudiante et artistique du Mile-End déambuler dans le quartier. Les étudiants et autres bohèmes entrent souvent au café, les dames bienséantes d'Outremont beaucoup moins.

À l'image de Montréal, ce café est un mélange de plusieurs styles : mobilier, statuettes et lampes art déco ; pupitres d'école des années 1940 faisant office de tables ; tables de cuisine des années 1950 et chaises dépareillées. L'espresso y est bon, et la carte propose un intéressant et vaste choix de desserts, notamment le gâteau reine-Élizabeth, comme celui que faisait ma mère et que je n'ai pas mangé depuis qu'elle m'a quitté.

Le Café des arts propose différents événements et spectacles, par exemple les soirées Open Mic, les soirées de poésie et les soirées de conférences/conversations publiques dites « Université dans les cafés ». L'endroit est très populaire auprès des artistes, des écrivains et des musiciens. J'y ai moi-même écrit plusieurs scènes de mes films. C'est un des cafés que je préfère pour écrire. Assis à un pupitre en face du Collège français, il me semble être de retour sur les bancs de l'école. Et comme lorsque je fréquentais l'école, ou bien je bosse, ou bien je rêvasse. Si bosser est bon pour l'âme, rêvasser est bon pour l'art. Puisque, de toute évidence, cela m'a réussi, je compte bien rêvasser de plus en plus et bosser de moins en moins. Je vous invite à faire de même — au Café des arts.

Lili & Oli

Je suis entré dans ce café alors que j'explorais les bonnes adresses de la rue Notre-Dame, dans la Petite Bourgogne. Coup de foudre absolu. Espresso, cappuccino ou latte, dans cet authentique café de quartier on les prépare superbement. Un décor rustique-chic, un parquet et des tables en bois sombre et des chaises en rotin confèrent à cet endroit un petit air Nouvelle-Angleterre. Quelques objets d'une autre époque sont exposés sur des étagères murales, notamment d'anciennes machines à espresso, des horloges sur le thème du café et des jarres à vinaigre. Je viens souvent ici pour écrire, mais je me laisse vite bercer par la chaleureuse intimité du lieu et je ne travaille pas. Je referme alors mon ordinateur portable, je savoure mon espresso et je m'adonne à mon passe-temps favori, la procrastination.

151, RUE RACHEL EST

Café Névé

L'espresso du Café Névé est incroyablement bon, surtout si, comme moi, vous l'aimez corsé. Lors de ma première visite, j'étais assis sur un siège de vélo, au comptoir. Une fort curieuse expérience. Les sièges de vélo sont aujourd'hui chose du passé, mais l'endroit n'a rien perdu de son originalité.

Le style de ce café, dont les habitués sont des gens branchés du Plateau et des étudiants de McGill, est difficile à cerner. L'élégance urbaine un peu fatiguée y épouse le kitsch du *diner* américain typique, à quoi s'ajoute un climat Greenwich Village et Brooklyn dernier cri. Au fond, peu importe le mélange, il fonctionne, puisque le Café Névé est toujours plein. J'aime bien m'installer sur le divan à côté de la porte, mais les sièges de vélo de naguère me manquent un peu. Si jamais vous avez envie de siroter un café corsé et succulent dans l'ambiance *vintage* des casse-croûte des années 1950, de Greenwich Village, du Brooklyn branché ou des trois en même temps, rendez-vous au Café Névé.

Café Olimpico – Open da night   124, RUE SAINT VIATEUR OUEST

Un jour que j'entrais au Café Olimpico l'été dernier, deux types étaient en train de planter des bougies sur un gâteau d'anniversaire posé sur la table de billard. « Lui as-tu parlé ? » demande l'un à l'autre. « Elle a dit qu'elle serait ici dans cinq minutes », répond l'autre à l'un. « Qu'est-ce que je fais pour savoir quand allumer les bougies ? » fait le premier. Au même moment, le cellulaire du deuxième sonne. Il répond. En raccrochant, il dit « Dépêche-toi, elle arrive, taisez-vous ! » « Taisez-vous tout le monde ! » renchérit son ami. Peu après, une femme d'un certain âge, très élégante, fait son entrée. Toutes les personnes présentes entonnent *Happy Birthday*. À mon grand étonnement, moi aussi.

Le Café Olimpico est un peu traditionnel, mais il en est fier et ça lui va bien. Les murs sont tapissés de photos d'équipes italiennes de soccer et de drapeaux italiens. Ne vous attendez surtout pas à y boire un *latte grande* allégé à la cannelle dolce et autres Frappucinos à rallonges. Ici, l'espresso est sublime, le cappuccino parfaitement coiffé d'une mousse exquise, et le *latte* est servi dans un verre, COMME IL SE DOIT, jamais, au grand jamais, dans une tasse, encore moins dans un bol. Il y a toujours une queue au comptoir, mais le service ne traîne pas. Tout ensemble sérieux et souriant, le barista prend simultanément les commandes de tout le monde et les prépare dans l'ordre. Quand votre tour arrive, votre café est prêt. Vous payez. Le barista vous demande « Combien de sucre ? », il le met dans la tasse, il remue votre café avec la cuiller. Si vous n'avez pas de chance, vous trouvez une table vide. Si vous avez de la chance, vous partagez la table d'un client branché, celle de deux agents de police ou celle d'un couple avec bébé. Et si vous avez vraiment beaucoup, beaucoup de chance, c'est l'anniversaire de quelqu'un et vous vous joignez au clan de l'Olimpico pour lui souhaiter bonne fête. Même si ce n'est vraiment pas votre genre, vous entonnez *Happy Birthday* avec les autres, comme je l'ai fait moi-même. C'est un endroit féerique. Je ne sais pas quel est son secret. Quelque chose qu'on met dans le café, peut-être ?

3632, RUE NOTRE-DAME OUEST

Café Saint-Henri

Les bancs d'église. C'est ça qui a m'a d'abord accroché. Que viennent faire des bancs d'église dans un café, me direz-vous ? Selon moi, ils sont parfaitement à leur place. Déguster un espresso souverain, c'est vivre une expérience mystique. Et quand une telle expérience a lieu dans un banc d'église, elle peut faire un croyant du plus fervent libre penseur.

Le Café Saint-Henri est plus qu'un simple café. C'est aussi un micro-torréfacteur. On y torréfie sur place trois mélanges maison : le SHMIT, le GODSHOT et les cafés d'ORIGINES. On y organise en outre chaque mercredi des *cuppings*, c'est-à-dire des dégustations des mélanges de cafés qui ont été torréfiés en début de semaine. Le Café Saint-Henri offre également des formations dans divers domaines reliés au café.

Il n'y a pas que les bancs du Café Saint-Henri qui ont attiré mon attention. J'ai eu des vapeurs d'extase devant la sublimissime machine à espresso « Marzocco Strada », une des machines les plus respectées et les plus louangées au monde. Et je vous jure sur la tête de ma mère qu'au Saint-Henri on sait s'en servir.

La prochaine fois que vous aurez envie d'assister à la messe du dimanche, allez plutôt au Café Saint-Henri. Installez-vous dans un banc d'église, sirotez un Godshot et offrez une prière d'action de grâce à La Strada. Fort de votre extase mystique hebdomadaire et en odeur de sainteté, vous pourrez ensuite vous livrer corps et âme au stupre et à la fornication sans éprouver le moins du monde le besoin de vous en confesser.

Caffè Italia

6840, BOULEVARD SAINT-LAURENT

Cet endroit est une véritable institution, une légende, un incontournable du circuit touristique, et un incontournable pour tout Montréalais qui se respecte. En fait, si vous vivez à Montréal et que vous n'avez jamais mis les pieds au Caffè Italia, vous n'êtes pas un Montréalais authentique.

Fondé en 1956, le Caffè Italia est un lieu phare de la communauté italienne depuis le premier jour. Les Italiens d'un certain âge viennent y discuter de tout, du sport à la politique nationale et internationale, en passant par les politicailleries de quartier. Les Italiens plus jeunes viennent y nourrir leur hybridisme italo-montréalais. Les touristes sont curieux de savoir si la réputation du Caffè Italia est surfaite, mais il leur suffit de goûter au café qu'on y sert — qui est ici une ambroisie des dieux — pour que la lumière soit. Moi, j'y viens, parce que ce café me ressemble : calme de temps en temps, agité la plupart du temps, jamais ennuyeux.

Son décor n'a presque pas bougé. Aussi immuable que le Colisée de Rome, le Caffè Italia ne s'effondrera qu'à la fin des temps en emportant avec lui ce qui restera du monde civilisé. Cet endroit me passionne, c'est l'évidence même. Normal : tous les Italo-Montréalais y ont nourri des souvenirs précieux. Parmi les miens, il y a l'image de mon géniteur, debout au comptoir, qui s'enfile un espresso derrière la cravate, cul sec, comme une gorgée de tequila. Mon amie Frédérique Marie se souvient, quant à elle, d'être souvent venue ici avec son père ; il la faisait asseoir sur un tabouret haut devant un verre de lait chaud et mousseux recouvert d'un nuage de chocolat en poudre. Parce que le proprio laissait Frédérique saupoudrer elle-même son lait chaud de chocolat, elle en mettait autant qu'elle en avait envie pour se donner l'impression d'être adulte, elle aussi.

Je m'assois toujours au bar du Caffè Italia pour boire un espresso, parce que j'aime entendre le barista débiter ses perles de sagesse. Un jour, il n'y a pas si longtemps, voilà qu'une cliente française lui demande : « Pourquoi votre café est-il si bon ? » Il répond : « C'est un secret. » Elle insiste : « Quel est ce secret ? » Désinvolte, il rétorque : « Si je vous le dis, ce ne sera plus un secret. » Caffè Italia, Messieurs-Dames : un café unique au monde.

351, RUE SAINT-PAUL OUEST

Olive + Gourmando

À l'ouverture de ce café au milieu des années 1990, le secteur du Vieux-Montréal où il est situé était un désert ponctué d'affiches « À vendre » et « À louer. » Mes premières visites s'y sont donc déroulées dans un merveilleux climat de calme. Olive était un charmant petit café aux murs rouges percés d'immenses et élégantes fenêtres à la française, blotti dans un coin reculé du Vieux-Montréal qui n'était pas encore branché. C'était un endroit idéal où venir écrire les jours ouvrables en regardant tomber la neige sur le quartier dépeuplé. Ce calme est révolu. Aujourd'hui, la clientèle d'Olive se bouscule au portillon de l'ouverture à la fermeture, mais l'ambiance n'a heureusement rien perdu de sa chaleur. Comme le Vieux-Montréal de ses débuts, Olive + Gourmando s'est épanoui. Le café y est toujours aussi délectable, et on y savoure les brownies les plus décadents en ville. Je ne plaisante pas : ils sont si magnifiques qu'il m'arrive de fantasmer sur eux.

O + G est aussi très populaire auprès des vedettes de Hollywood. Josh Harnett a déjà été mon voisin de table. On y a vu Julia Roberts à quelques reprises. Un jour qu'un ami m'avait appelé pour me dire qu'il était juste à côté de Julia, j'ai sauté dans un taxi et j'ai filé pleins gaz jusque chez O + G. Quand je suis arrivé, elle était déjà partie.

Olive + Gourmando est pour moi un lieu très stimulant : ce café a eu l'audace de s'aventurer là où aucun autre café n'osait le faire à l'époque. On y boit un café d'exception, ses brownies nourrissent mes fantasmes, Josh Harnett y a été mon voisin et j'ai failli y coudoyer Julia Roberts. Pas de panique, Julia. La prochaine fois, on fera connaissance. Promis.

Pâtisserie Dolci Più

849, BOUL. DÉCARIE

Cette boulangerie/pâtisserie a tout ce qu'on peut souhaiter. Par quoi commencer? Allons-y pour le café. L'espresso, le cappuccino et le caffè latte y sont tous excellents. Vous avez un petit creux? On y sert panini et pizza. Vous voulez un repas pour emporter? Des boulettes de viande, par exemple, ou encore des pâtes, ou une salade? Un petit dessert avec ça? Pas de problème. Il y a ici un vaste assortiment de pâtisseries et de gâteaux frais du jour. Il vous faut un gâteau d'anniversaire? On le confectionnera pour vous. Un gâteau de noces? Commandez et vous recevrez. Vous ne diriez pas non à un petit *gelato*? Ici, il est fait sur place. Du pain? Du pain frais italien? Des croissants? Des viennoiseries? Tout est là. Tout est frais. Tout est fait maison. J'allais oublier le chocolat: du chocolat pour tous les goûts, fait ici même, chez Dolci Più.

Mais quand diable ces gens-là trouvent-ils le temps de dormir? Mystère. Que dire de plus? J'ai tout dit. Entrez. Asseyez-vous dans la section bistrot et régalez-vous!

5526, RUE SHERBROOKE OUEST

Shäika Café

C'est là que Daniel Roby (metteur en scène de *Funkytown*) et moi nous rencontrons pour brasser des idées de films. Le café est relativement calme, mais pas trop, ce qui le rend parfaitement propice au travail. J'ai besoin d'un bruit de fond pour écrire. J'ai grandi à l'ombre de la 40. Le bruit ambiant m'apaise.

La spécialité de Shäika est le café bio de commerce équitable. Je fréquente donc ce bistrot bohème bon genre quand ma conscience politique et environnementale m'asticote (pas très souvent, hélas!). L'aménagement y est intéressant et évoque un café cubain de NoLIta où j'aime me rendre quand je suis à New York. Le décor d'inspiration cubaine, avec ses couleurs chaudes, ses plantes luxuriantes et ses tables peintes à la main, est idéal quand il fait froid et gris à Montréal en hiver.

Le soir, on éteint les lumières, on allume des bougies et le café devient salle de spectacle où se produisent des musiciens et des chanteurs. Ces concerts sont toujours agréables et tous les genres sont bienvenus. N'oubliez pas que de nombreux artistes, dont Rufus Wainwright, ont fait leurs premières armes dans des cafés de Montréal. Pour finir, tout au fond il y a la Galerie V qui présente chaque mois les œuvres d'un artiste différent.

Bref, du bon café, un décor inspiré de Cuba, des chanteurs et des musiciens, des expositions, Daniel et moi qui travaillons à notre prochain film. Tout cela fait que le Shäika Café vaut le détour. Surtout Daniel et moi. Je plaisante. À moitié.

Vasco da Gama

1472, RUE PEEL

J'ai fait découvrir ce café à un ami italien pure soie et il m'a dit : «On se croirait en Europe. »

Comme tous les cafés européens, Vasco da Gama est polyvalent. On y fait le service au petit déjeuner, au dîner et à l'heure du thé. On peut aussi y boire du vin, et c'est parfait pour moi qui suis incapable de fonctionner au réveil tant que je n'ai pas bu ma première tasse de rouge. C'est également ici que j'ai été initié au *pastel de nata*, sorte de flan pâtissier qui se marie à merveille à l'espresso de l'après-midi.

Son élégant décor méditerranéen de carreaux en terre cuite et de banquettes bleues évoque le soleil du Portugal. La clientèle chic compte des habitués et des nouveaux venus : dames élégantes chargées de sacs Holt Renfrew à l'heure du dîner ; hommes d'affaires en costume Prada à la pause-café ; riches touristes européens qui souhaitent se retrouver en terrain familier pendant une heure ou deux.

Depuis que je l'y ai amené, mon ami italien fréquente régulièrement ce café pour y pratiquer son portugais, et quand je veux pratiquer mon italien je viens l'y retrouver. On se délecte du *pastel de nata* en sirotant un espresso. Mais puisque mon ami perd petit à petit son italien au profit du portugais, je pratique mon italien avec un des employés portugais qui connaît l'italien. C'est embrouillé, je sais. Mais dans une ville comme Montréal où beaucoup de gens parlent plusieurs langues tout en conservant leur langue maternelle afin de la transmettre à la jeune génération, c'est plein de bon sens.

Terrasses

Montréal est une ville. La suie, le monoxyde de carbone et la pollution de l'air en font partie. J'ai raison ? Alors, pourquoi tant de Montréalais veulent-ils à tout prix que leur métropole bouillonnante ait l'air d'un trou perdu entre Saint-Clin-Clin-des-Meuh-Meuh et Saint-Pit-Pit-des-bois ?

Quand les premières terrasses sont apparues en ville, elles avaient toutes de jolies petites clôtures, de jolis petits pots de fleurs et de jolies petites tables. Mais la Petite Italie a rectifié le tir. Les Italiens ont installé des tables et des chaises directement sur les trottoirs bosselés, et voilà : le café-terrasse urbain a vu le jour à Montréal, juste à côté des bornes fontaines, des voitures garées contre la bordure et des fumées d'échappement. Vous aurez deviné que c'est précisément le genre de terrasse que je privilégie. Mais ne vous méprenez pas : j'aime aussi qu'elles soient clôturées — surtout quand elles sont sur un toit et que j'ai un peu trop levé le coude. En bas, je les préfère plantées au milieu de rues très animées, sales et bruyantes. J'adore observer les gens, en particulier quand je leur bloque le passage parce que j'occupe une table au beau milieu du trottoir. Rien ne m'est plus agréable que de siroter un espresso et fumer une Marlboro légère en sachant qu'un non-fumeur intolérant n'aura pas le choix de passer à côté de moi pour arriver à sa destination. La grandiose beauté d'un tel moment me met la larme à l'œil.

Montréal ressemble à un film de Fellini. Pour apprécier le jeu de ses acteurs, quoi de mieux que les filmer depuis un café-terrasse ? Rendez-vous à une des terrasses mentionnées dans ce guide, sortez votre iPhone et commandez un espresso ou un verre de vin (c'est moi qui offre). Ensuite, rentrez chez vous, affichez votre vidéo sur YouTube et réjouissez-vous : des milliers d'internautes visualiseront votre travail. Oui. Vue d'un café-terrasse, Montréal est incomparable.

TERRASSE PLACE D'ARMES

Terrasse Place d'Armes

55, RUE SAINT-JACQUES OUEST

LE PLACE D'ARMES HÔTEL & SUITES

Le 5 à 7 du jeudi à cette terrasse est un incontournable à cause des hommes d'affaires diaboliquement séduisants qui s'y rendent. J'ai inclus ce bar sur le toit dans mon guide pour le beau monde qu'il attire, et je n'ai pas honte de l'avouer.

L'endroit lui-même est spectaculaire. Cette terrasse raffinée d'où l'on a une vue panoramique du Vieux-Montréal est idéale pour finir la soirée après un bon repas : musique funky, chics cocktails maison et — ai-je oublié de le dire ? — personnel ravissant. Comme toile de fond, la magnifique architecture art déco de l'édifice Aldred. Le soir, devant les fenêtres éclairées de cette tour de bureaux, on se croirait sur le plateau d'un film des années 1930, entouré d'acteurs qui incarnent la haute société de Manhattan où tout le monde est riche et tout le monde est beau. Dans la vie, dites-vous, il n'y a pas que l'esthétique qui compte. Sans doute. Mais écoutez-moi bien : il faut savoir s'entourer tout de suite et le plus possible de luxe et de beauté, car en moins de temps qu'il ne faut pour le dire, on mange les salades par le trognon et on sert de bouffe aux asticots.

Terrasse du Café Griffintown

1378, RUE NOTRE-DAME OUEST

Deux mots suffisent à décrire cette terrasse: poésie urbaine. Blottie sur le balcon arrière du Café Griffintown, elle a vue sur un des quartiers les plus sympathiques de Montréal par son âpreté mêlée de dynamisme novateur. Il n'y a pas lieu de s'étonner si le visage de Griffintown évoque le Lower East Side de New York, car il s'agit dans les deux cas d'anciens quartiers ouvriers dont l'origine remonte à la fin du XIXe siècle.

Les plats au menu sont typiques du sud des États-Unis, et les petits pains au lait faits sur place sont un pur délice. L'eau arrive à table dans des bouteilles de bourbon Bulleit. Tempérament urbain, cuisine du Sud, minuscule balcon-terrasse qui nous transporte à Manhattan, dans le Lower East Side: c'est Montréal, à la énième puissance.

Terrasse du Waverly

5550, BOULEVARD SAINT-LAURENT

Ce bar du Mile-End appartenait il y a des lustres au meilleur ami de mon père. Ma mère travaillait juste en face, dans une manufacture de fourrure de l'édifice Peck. Le Mile-End était alors un quartier assez terne — habitations à l'ouest, manufactures à l'est — mais l'édifice Peck abrite aujourd'hui les studios montréalais de Ubisoft, une des entreprises de développement de jeux vidéo les plus gigantesques et les plus avant-gardistes au monde. Le Mile-End est devenu un quartier branché, et l'ancien petit débit de boisson du meilleur ami de mon père un bar très fréquenté. On n'arrête pas le progrès.

Ce qui a d'abord attiré mon attention au Waverly sont les conserves de jus de tomate Heinz transformées en pots de fleurs. On cloue des boîtes de conserve aux murs extérieurs et, devant, on installe des bancs sur le trottoir de la rue Saint-Viateur. Et voilà : terrasse instantanée !

J'adore ce genre de petit local urbain à la fois inventif et décontracté, intime et au cœur de l'action. Et n'est-il pas curieux que je fréquente les lieux mêmes où mon père allait boire un verre avec ses copains, en face des ateliers de fourrure où ma mère travaillait quand elle a immigré avec lui à Montréal ? Un serpent qui se mord la queue : c'est ça, la vie ; le cycle éternel de la nature. Quand il m'arrive de l'oublier, le Waverly se charge de me rafraîchir la mémoire.

465, RUE MCGILL

Terrasse du Boris Bistro

Ce bistro est un petit joyau serti au milieu des gratte-ciel et des pavés du Vieux-Montréal. En été, pour le dîner, sa paradisiaque terrasse à deux niveaux, bien isolée dans une cour intérieure cerclée d'édifices centenaires, n'a pas d'égale. Mais je vous préviens : réservez plusieurs jours à l'avance. L'endroit est toujours bondé, avec raison : la nourriture y est sublime, le service impeccable, l'ambiance toujours agréable. La caractéristique la plus amusante de ce bistro est le voisin qui se plaint constamment du bruit. Il s'est tellement fondu au décor que, bien que personne ne l'ait jamais vu, personne ne doute de son existence. Alors, Monsieur le voisin grognon, si vous lisez ce guide, permettez que je vous donne un petit conseil : si vous n'aimez pas le bruit, déménagez à la campagne ! Quand on n'aime pas le bruit, on n'habite pas au cœur d'une des plus grandes villes nord-américaines.

Terrasse du Café Epoca

6778, BOULEVARD SAINT-LAURENT

De toutes les terrasses de la Petite Italie, celle-ci est ma préférée. Elle occupe presque tout le trottoir devant l'Epoca, obligeant les passants à faire un crochet par la chaussée.

La cacophonie du quartier y est assourdissante : conversations, rires, discussions, querelles. On se croirait à Naples. Ce tronçon du boulevard Saint-Laurent subit une congestion quasi permanente et les automobilistes fous furieux y multiplient les queues de poisson.

Le menu du Café Epoca est succulent, la table d'hôte très abordable. Il faut crier pour se faire entendre malgré le vacarme des voitures, des camions et des autobus, mais la pizza, la pasta, le vino et l'espresso valent bien qu'on s'égosille un peu.

4040, BOULEVARD SAINT-LAURENT

Terrasse du Café Laika

Autrefois, quand j'étais un jeune artiste affamé, c'est ici que je me tenais avec d'autres jeunes artistes affamés. Nous y passions des heures à discuter de notre prochain projet et à nous convaincre qu'il nous ouvrirait les portes de la gloire. Quand nos espoirs étaient déçus, nous nous rabattions sur le projet suivant, et le suivant, et le suivant...

Situé dans l'immense édifice vert qui trône à l'intersection de Saint-Viateur et du boulevard Saint-Laurent (une ancienne manufacture), le Laika est depuis toujours un lieu de ralliement pour les artistes. Peintres, musiciens ou écrivains s'y retrouvent tôt ou tard. Rien n'est plus agréable, le soir, que de s'installer à la terrasse pour regarder défiler l'humanité sur cette *Main* légendaire où tant d'immigrants venus refaire leur vie à Montréal ont vécu et trimé dur. Les immigrants ont quitté ce foyer d'accueil depuis belle lurette et, comme eux, je ne suis plus ni pauvre ni affamé, mais le Laika perdure. Il symbolise encore aujourd'hui l'« idéalisme euphorique » propre à cette période de la vie où, pauvre comme Job mais riche d'idées et de rêves, on travaille d'arrache-pied pour se tailler une place dans la société. La réussite émousse parfois la sensibilité. Quand le désabusement me gagne, je reviens faire un tour au Laika. Je m'assois à une table de la terrasse, sur cette *Main* qui a su incarner l'« idéalisme euphorique » d'un si grand nombre d'immigrants. Inévitablement, je sens ma passion de l'écriture se raviver et se substituer petit à petit dans mon âme à la fièvre du succès.

Terrasse du Mangia

1101, BOULEVARD DE MAISONNEUVE OUEST

Mangia est avant tout un comptoir haut de gamme de repas à emporter, très populaire auprès des employés de bureaux et des étudiants. Situé à l'intersection de la rue Peel et du boulevard de Maisonneuve, avec sa grande terrasse rappelant celle d'une trattoria italienne, Mangia ne passe pas inaperçu. Le pouls de la ville y est palpable, le défilé des gens d'affaires, des étudiants, des acheteurs et des touristes n'y a pas de fin. C'est ici que je viens me dynamiser quand je suis en panne d'énergie. Les multivitamines que vous a prescrites votre médecin, vous n'en avez rien à cirer. Écoutez plutôt le conseil du docteur Galluccio : rendez-vous au Mangia, commandez un espresso, installez-vous à la terrasse pour le boire, imprégnez-vous de l'ambiance et vous serez complètement revitalisé. Ah, j'oubliais… mes honoraires : quatre-vingt-dix dollars. Je ne suis pas inscrit à la Régie de l'assurance-maladie.

3540, BOULEVARD SAINT-LAURENT

Terrasse du Café Méliès

L'été, c'est ma terrasse de prédilection pour siroter un verre de vin. Elle est somptueuse. Ses hauts plafonds et ses arches me transportent ailleurs, à une des tables d'un *bar-pasticceria* sous les arcades d'une vaste *piazza* italienne. L'endroit convient parfaitement à un brunch et, le soir, on y jouit d'un point de vue privilégié sur la folle jeunesse qui investit le boulevard et se l'approprie en chemin vers sa boîte préférée. J'ai beau n'être plus ni jeune ni fou, le voyeur en moi aime se repaître de loin de ce spectacle. Le café Méliès est juste assez près pour m'accorder une bonne vue d'ensemble de la faune nocturne, et juste assez à l'écart pour me mettre à l'abri des jeunes trop turbulents.

Terrasse du Café Via Crescent   1418, RUE CRESCENT

Le premier vrai bon cappuccino que j'ai bu hors de la Petite Italie, je l'ai bu ici, dans les années 1980. Dès ce jour, je suis devenu un habitué du Café Via Crescent qui était alors l'épicentre de cette rue chérie du jet set. Mannequins, acteurs et échotiers faisaient partie du décor. Pour m'y intégrer à mon tour, moi, pauvre étudiant sans le sou de l'Université Concordia, je m'amusais à revêtir mentalement la peau d'un scénariste de Hollywood cousu d'or. Je me voyais déjà en haut de l'affiche…

Aujourd'hui, je suis un scénariste de Montréal, relativement à l'aise, et j'attribue cette prospérité à mes visualisations de naguère, au Via. Je fais toujours un saut dans ce café quand je suis dans les environs. La salle a été rénovée, la terrasse agrandie, et c'est mon resto préféré pour un dîner *al fresco*. On y sert encore un cappuccino divin, et il attire toujours les vedettes. L'été dernier, j'étais assis à côté de Jacques Villeneuve. J'ai pensé, n'est-ce pas super? Je suis aussi connu que lui maintenant. Mais devant les cohortes d'admirateurs et d'admiratrices qui le regardaient en ouvrant les yeux comme des portes cochères, qui le prenaient en photo, ou qui lui demandaient un autographe sans même remarquer ma présence, j'ai compris que j'avais encore beaucoup de visualisations à faire avant de parvenir au sommet.

Terrasse du Sir Winston Churchill Pub
1459, RUE CRESCENT

On raconte que, sur cette terrasse, un fameux conseiller municipal de Montréal se pétait un jour les bretelles auprès d'un écrivain montréalais internationalement connu : « Je travaille trois jours par semaine seulement, mais je ponds un revenu dans les six chiffres. » À quoi l'écrivain célèbre a répondu : « Je travaille trois jours par mois seulement, mais avec les millions que je ponds, je t'achète. Cash. »

Le Sir Winston Churchill Pub a été fondé en 1967 et il fourmille d'anecdotes similaires. C'est un bar à l'ancienne, très décontracté, d'où il fait bon observer l'humanité tapageuse de la rue Crescent. J'étais un client assidu il y a trente ans, quand j'étudiais à Concordia, et c'était déjà aussi impossible qu'aujourd'hui de trouver une place libre à la terrasse. Mais quand je parviens à en trouver une, je ne peux pas m'empêcher de repenser à ce fameux dialogue. Trois jours par semaine pour un revenu dans les six chiffres ? Cool ! Trois jours par mois pour un revenu de quelques millions ? Génial ! C'est donc le but que je me suis fixé. Pour ce qui est du trois jours par semaine, j'ai déjà l'art et la manière. Pour ce qui est du trois jours par mois, j'en suis encore au b. a. ba.

Terrasse Magnétic

1430, RUE DE LA MONTAGNE

J'aime venir ici avec le journaliste/blogueur Richard Burnett. On s'en envoie quelques-unes derrière la cravate, on peste contre tout et tous, on fume jusqu'à s'en cracher les poumons et quand il fait beau et chaud, on se fait un bronzage d'enfer. De la bière qui coule à flots, du soleil sans crème solaire, des échanges colorés et des mots d'esprit en bonne compagnie : c'est ma recette à moi pour rester jeune et en santé.

Perché au 20e étage de l'Hôtel de la Montagne, ce bar à deux niveaux était le plus couru en ville durant les années 1980. Des célébrités d'ailleurs et d'ici passaient beaucoup de temps à étancher leur soif autour de la piscine. Les célébrités sont parties, mais on s'en fout. Aujourd'hui comme hier, la vraie vedette, c'est la Terrasse Magnétic.

Le panorama y est spectaculaire. On domine tout Montréal et, par temps clair, on aperçoit même, au loin, les montagnes de l'État de New York. À moins que ce ne soient celles du Vermont ? Peu importe. L'essentiel est que notre vue s'étend bien au-delà de notre univers insulaire.

La faune y est aussi fort intéressante : touristes qui séjournent à l'hôtel, étudiants de Concordia, vieux de la vieille qui évoquent avec nostalgie l'âge d'or du disco. Puis il y a Richard et moi, très occupés à prendre une sérieuse cuite. Venez nous dire un petit bonjour et offrez-nous une petite tournée ! J'espère que vous êtes pleins aux as, parce qu'avec nous, une petite tournée, ça pourrait vous coûter la mise de fonds sur votre nouveau petit condo.

106, RUE SAINT-PAUL OUEST

Terrasse Nelligan

Je note un thème récurrent : les terrasses sur le toit. Pourquoi me séduisent-elles à ce point ? La vue panoramique qu'elles offrent ? L'impression d'accéder à un refuge dans les nuages ? Oui… mais il y a plus : quand je suis là haut, le monde est à mes pieds. Que voulez-vous… on est ou pas diva.

Mais revenons à nos moutons. De la Terrasse Nelligan on a sans conteste une perspective spectaculaire du fleuve Saint-Laurent et la vue la plus romantique qui soit des toits du Vieux-Montréal. J'aime venir y boire un verre, y casser la croûte, y rencontrer des amis, et y passer quelques moments en face-à-face avec moi-même. Elle n'est pas aussi haut perchée que les autres terrasses de mon guide, mais c'est la plus douillette de toutes. Plus petite, elle occupe néanmoins en entier la toiture de l'hôtel. Bien que très fréquentée le soir, elle n'est jamais si bondée qu'on ne puisse pas y circuler à l'aise. Au bout du compte, c'est ici que je viens quand j'ai besoin de calme. Mais attention : ma notion de calme et mon seuil de tolérance au bruit pourraient être très différents des vôtres !

Terrasse Sky

1474, RUE SAINTE-CATHERINE EST

Pour un bon exercice cardiovasculaire, tapez-vous à pied les six étages qui débouchent sur la Terrasse Sky. Si vous êtes à bout de souffle, retournez à la maternelle. Si vous êtes frais comme une rose, félicitez-vous. Vous êtes en forme.

Ce gigantesque club-détente sur le toit comporte des bars, une piscine, une cuve thermale et un espace réservé aux bains de soleil. J'ignore combien d'hôtes il peut accueillir. Une foule. Une armada. Une multitude.

Le vendredi soir à la Terrasse Sky est légendaire. On dirait que tous les gais de la planète s'y assemblent avec leurs amis, les amis de leurs amis et leur famille au grand complet. Elle est très populaire les soirs de feux d'artifices, car on y a une vue imprenable sur le spectacle, le ciel tout illuminé et, dessous, les lignes nobles du pont Jacques-Cartier (un des rares ponts de Montréal qui ne tombe pas encore en décrépitude). C'est aussi un endroit privilégié pour observer la galerie ininterrompue de personnages qui déambulent dans le village gai, car pendant la belle saison ce tronçon de la rue Sainte-Catherine Est est métamorphosé en vaste zone piétonne, en paradis du non-conformisme où l'on ose hardiment afficher sa différence. Au bout du compte, rares sont ceux qui ne grimpent pas les six étages menant à la Terrasse Sky pour y glorifier le fait qu'à Montréal on peut se montrer exactement tel qu'on est. Pas d'emmerdes. Pas de décrets. Pas de jugements de valeur. Alléluia !

425, RUE MCGILL

Terrasse du restaurant Vallier

Que se passe-t-il dans votre tête quand on vous demande : «Où étiez-vous quand tel ou tel événement majeur a eu lieu?» En ce qui me concerne, je me vois à la terrasse du Vallier. Je m'explique : c'est là que je me trouvais par un soir chaud d'automne, un 11 septembre plus précisément (non… pas celui-là), avec mon amie Joyce, quand un escadron d'hélicoptères a envahi le ciel. Un vrombissement de pales a noyé tous les bruits ambiants, les gens du quartier sont sortis dans la rue pour tenter de savoir ce qui se passait. Les spéculations allaient bon train. S'agissait-il d'une attaque terroriste? d'une prise d'otage? Comme tout le monde, Joyce et moi étions inquiets, naturellement, mais ça n'a duré qu'une fraction de seconde, car nous avions des choses importantes à régler : quel fromage convient le mieux à la pizza, la mozzarella ou les bocconcini? Nous avons finalement découvert que ces hélicoptères participaient à un exercice militaire. Depuis, chaque fois que je passe devant la terrasse du Vallier, je repense à ce fameux soir où nous avons cru être attaqués.

La terrasse du Vallier est si minuscule, si propice à l'intimité qu'au dessert vous et votre voisin serez les meilleurs amis du monde. Ouverte à tous vents et installée directement sur le trottoir, elle attire les tempéraments urbains : les automobilistes roulent à vive allure dans la rue McGill, les piétons pressés vous frôlent au passage, des copains perdus de vue depuis longtemps s'approchent d'un pas énergique, s'arrêtent, et enfin se joignent à vous. De calme tête à tête, votre dîner se transforme en fête improvisée, bruyante, bien arrosée.

Et puis, ceci — qui a son importance : le gâteau au fromage y est bon comme un péché. Si on vous offre de choisir entre une partie de fesses et le gâteau au fromage du Vallier, n'hésitez pas : optez pour le gâteau au fromage. Quelqu'un de plus attirant encore se présentera, c'est certain, et le plaisir que vous prendrez à brûler ensemble vos calories excédentaires n'en sera que meilleur.

Restaurants

Bien. Vous voici attablé au restaurant, prêt à vivre une agréable expérience culinaire. Vous voulez commander un bon vin au verre, mais il n'y a rien à moins de dix dollars. Quand le garçon vous l'apporte, le verre est presque vide. Qu'est-ce que cette larme minuscule tout au fond ? Elle ne fait même pas, en hauteur, la largeur d'un billet de dix ! Pour couronner le tout, le garçon (un Québécois pure laine) a des manières prétentieuses et s'adresse à vous dans un accent français factice. Il croit que ça lui donne un petit air exotique (note au garçon : si vous n'êtes pas européen, n'adoptez pas un faux accent français !!!).

Vous commandez. Vous attendez une demi-heure avant d'être servi. La musique, trop forte, est une cacophonie ininterrompue et inécoutable d'électro-pop, de house ou de fusion. Le resto a un décor industriel d'un chic réfrigérant et n'a même pas l'excuse d'être une ancienne usine. Quand votre plat arrive enfin, le garçon snob vous le lance presque. Ce qu'il y a dans votre assiette coûte une fortune, mais il vous faudrait une loupe pour le voir.

Je suis italien. J'ai depuis toujours avec la nourriture un rapport fusionnel. J'ai mis fin à plusieurs relations parce que, pour mon amant du moment, une boîte de Kraft Dinner était synonyme d'un bon repas. Si je m'offre une sortie au restaurant mais qu'on y lésine sur le vin et que la nourriture ne suffit même pas à combler ma dent creuse, ça me les casse souverainement.

Vous avez sans doute deviné que bon nombre de restaurants de Montréal ne font pas le poids. Trop d'établissements ont la réputation surfaite, une affluence injustifiée et surchargent leurs clients parce qu'ils ont réussi à être référencés par un magazine chic, ce qui m'amène à ma règle numéro un : si un resto figure au top 10 des tables les plus branchées, fuyez-le à toutes jambes. Règle numéro deux : s'il est fréquenté par des gens du monde politique, n'y allez pas non plus : on vous arnaquera. Règle numéro trois : demandez toujours à voir le menu, et si le plat de résistance ne coûte pas moins de vingt-cinq dollars, allez-vous-en. Règle numéro quatre (la règle d'or) : si le serveur est impoli, *ne lui laissez pas de pourboire*. Un repas au restaurant doit être une expérience

★ RESTAURANT HOLDER ★ CAFÉ DAYLIGHT FACTORY
★ LE COIN G ★ M : BRGR ★ MEATMARKET ★ DA FRANCO RISTORANTE
★ GRILLADES PORTUGAISES GALO ★ L'ENTRECÔTE SAINT-JEAN
★ LES BAGUETTES D'ASIE ★ PIZZERIA SAPORI DI NAPOLI
★ PRATO PIZZERIA & CAFÉ ★ LE SALOON ★ TAVERNE SQUARE DOMINION
★ TRE MARIE ★ VINIZZA

orgasmique. Il faut que le personnel de l'établissement soit accueillant et le plus convivial possible, et la cuisine excellente. La médiocrité est à proscrire. Le service du vin est généreux et les verres marqués d'un trait doseur sont bannis. Pour finir, il est indispensable que l'ambiance soit enchanteresse. Si le restaurant où vous êtes attablé ne répond à aucun de ces critères, levez le camp. Et ne manquez pas de signaler à la direction que c'est Steve Galluccio (oui, oui, le type qui a écrit *Mambo italiano*) qui vous a conseillé de partir.

407, RUE MCGILL

Restaurant Holder

Je suis le travail des frères Holder depuis le Business, maintenant défunt, qu'ils avaient ouvert au milieu des années 1980. Toujours à l'avant-garde des tendances, ils précèdent tout le monde quand il s'agit d'identifier le secteur qui deviendra populaire, même quand celui-ci est encore complètement décrépit. La rue McGill et le quartier avoisinant n'avaient rien de chic quand le Holder y a ouvert ses portes en 2003, et voilà que ce restaurant est le plus achalandé en ville. Comme à leur habitude, les Holder ont été les premiers à flairer le potentiel de succès de cet emplacement.

Immense, plein d'échos, l'endroit occupe un ancien édifice de la Banque de Montréal et évoque, avec ses touches art déco et sa carte française classique, les grandes brasseries d'Europe. La cuisine y est excellente. J'ai un faible pour la « bavette de veau » — un pur délice pour les papilles. J'aime aussi y boire un coup avec des amis. Le long bar recouvert de panneaux de cuivre est très invitant quand on veut s'envoyer quelques verres derrière la cravate.

Le restaurant Holder me porte chance. Beaucoup de projets y ont été exposés et avalisés, beaucoup d'ententes y ont été conclues. Lorsqu'un producteur désire me rencontrer pour discuter d'une collaboration éventuelle, je propose un dîner au restaurant Holder. Succès assuré.

Café Daylight Factory

1030, RUE SAINT-ALEXANDRE

Situé dans l'ancien quai de débarquement d'une manufacture centenaire éclairée par d'immenses fenêtres, ce restaurant tire le meilleur parti possible d'une architecture industrielle en parfait accord avec sa vocation première, mais rafraîchie et rajeunie avec beaucoup de raffinement. Elle est résolument authentique. Ne vous attendez pas à une imitation récente. Le personnel de l'établissement est chaleureux et accueillant, tandis qu'Alex, l'un des deux associés propriétaires, accorde la même attention à tous ses clients. Dès votre deuxième visite, il vous reçoit comme un habitué.

Au Daylight Factory, on sert le dîner cinq jours par semaine et un sympathique 5 à 7 le jeudi. Le menu propose une cuisine internationale soignée, préparée avec des ingrédients d'une fraîcheur exemplaire. Le plat du jour varie selon l'inspiration du chef et va des plats thaïlandais au traditionnel hamburger. Quand l'envie me prend de manger un succulent panino au thon, haricots cannellini et fromage provolone garni de salade de chou, je m'installe au bar et je bavarde avec Alex — qui a souvent la délicatesse de m'offrir un digestif. Un jour, il m'a fait découvrir une superbe tequila aromatisée au café. Inutile de dire que je n'ai pas beaucoup travaillé dans les heures qui ont suivi, et qu'à compter de ce jour mes habitudes postprandiales ont radicalement changé. Maintenant, quand on me demande comment j'aime boire mon café, je réponds : « Fondu dans la tequila. » Grâces t'en soient rendues, Alex.

8297, RUE SAINT-DOMINIQUE

Le Coin G

Quand j'habitais non loin du secteur Villeray, Le Coin G était mon petit bistrot de quartier. Le dimanche, à l'heure du brunch, je lisais patiemment mon *New York Times* tout en faisant la queue jusqu'à ce qu'on m'assigne une table.

Ce petit resto sans prétention, ouvert depuis une dizaine d'années, occupe le rez-de-chaussée d'un duplex, dans Villeray. Les propriétaires ont mis le *comfort food* à l'honneur. Ils offrent une très belle variété de plats réconfortants qui vont du confit de canard au hamburger, en passant par les pâtes et les salades. Bref, de tout pour tous les goûts, superbement exécuté.

Ce local a maintes fois changé de propriétaire au fil des ans. Longtemps taverne, il est devenu pizzeria avant de trouver sa véritable vocation, celle du Coin G, un bistrot à l'ambiance décontractée où il fait bon s'offrir un excellent repas, en famille ou à deux. En ce qui me concerne, j'adore y bruncher paresseusement le dimanche après-midi, et lire le *New York Times* en toute tranquillité.

m : brgr

2025, RUE DRUMMOND

J'ai soudain une fringale de hamburger. Je vais où ? Chez m : brgr. Ce bar à burgers haut de gamme attire une clientèle jeune et BCBG qui sait reconnaître un hamburger de luxe quand il lui en passe un sous le nez. Ce qui me plaît le plus ici, c'est de pouvoir y jouer avec le menu : à partir d'ingrédients isolés, chacun construit son hamburger. D'abord la boulette (j'opte toujours pour le bœuf AAA), puis le petit pain (blanc pour moi, s'il vous plaît), ensuite le fromage (j'ai un faible pour le cheddar américain) et enfin, la ou les garnitures (en ce qui me concerne, portobellos grillés). On peut aussi agrémenter le tout de frites (pommes de terre ou patates douces), mais à mon âge, hélas, mon pauvre vieil estomac ne les tolère plus et je dois me contenter de regarder d'un œil envieux les jeunes aux tripes bardées d'acier s'en empiffrer à bouche que veux-tu.

La carte des vins de m : brgr est généreuse, mais avec un burger, je préfère la bière, d'autant plus que ce restaurant est un des rares à Montréal qui serve ma bière favorite, la Samuel Adams. En fait, la carte propose des bières importées de qualité supérieure, en provenance, notamment, de la République tchèque, d'Angleterre, de Grèce, des Pays-Bas et du Japon.

J'ignore pourquoi j'ai fait du mercredi mon «jour burger», mais c'est pour cette raison que, le mercredi soir, on me trouvera souvent au bar en train de siroter une bière brassée à Boston et d'avaler un hamburger aux portobellos, accompagné de frites de patates douces. Mon estomac, si vous voulez savoir, je m'en soucie comme de mes vieilles bottes. Un hamburger sans frites, ça ne se fait pas.

4415, BOULEVARD SAINT-LAURENT

MeatMarket
RESTAURANT CAFÉ

J'ai découvert cet endroit pendant les rénovations de mon ancien appartement, que j'ai du reste quitté quand j'en ai eu terminé avec sa remise à neuf.

Situé dans le secteur du boulevard Saint-Laurent où plusieurs magasins de meubles ont pignon sur rue, le MeatMarket est un délicatessen gastronomique à l'ambiance Far West chic. Ainsi que son nom l'indique, ce restaurant qui fait la part belle aux viandes est une mecque pour les carnivores comme moi (je suis fermement convaincu que l'instinct carnivore est le propre des personnalités de type alpha). Les sandwiches au menu portent des noms unilingues mais ingénieux, notamment «The Emperor», «The Over The Top» et «Here's The Beef» (pour les besoins de ce guide, j'ai très envie de les traduire librement par L'Empereur, L'Un peu too much et L'Encore un qui rouspète. *Why not*?). C'est aussi, à ma connaissance, le seul établissement de Montréal qui serve un mariage de frites de pommes de terre et de patates douces. Un resto aussi facétieux et plein d'audace mérite mon attention et mon respect : y a-t-il un autre endroit au monde où, en réponse à un texto qui me demande «Qu'es-tu en train de faire?», je peux écrire en toute sincérité, «Je mange un empereur»?

Da Franco Ristorante

233, RUE NOTRE-DAME OUEST

Depuis 1976, Da Franco propose une cuisine italienne familiale tout à fait classique. Fondé par Franco Pampena, le restaurant a d'abord été transmis à son fils et à son neveu, puis repris par les fils de ces derniers. Outre à la gestion, Giulio et son cousin Rick assurent le service en salle, et Claudio, le frère de Giulio, assume le rôle de chef.

Un humour féroce anime ce clan. Depuis des années que je fréquente leur table, Giulio, Rick et moi rivalisons d'esprit et d'insolences, et parfois, Claudio délaisse ses casseroles pour participer à la joute. Mais n'ayez crainte. Je fais partie des quelques oiseaux rares qui ne se formalisent pas d'un tel accueil. Avec leurs «vrais» clients, le trio est d'une courtoisie irréprochable.

La cuisine est traditionnelle — certaines recettes proviennent de la grand-mère du chef — et les plats au menu sont variés et délicieux. De la pizza aux pâtes en passant par les viandes et les poissons et une table d'hôte toujours différente, tout est bon. Très fréquenté le midi, ce restaurant est aussi populaire pour un souper avant-spectacle, puisque le Centaur Theatre est à deux pas.

Des alcôves créent une ambiance chaleureuse, les photos de famille des propriétaires donnent l'impression que ceux-ci nous ont accueillis chez eux et, le samedi soir, des soupers dansants avec musiciens et chanteurs sont une invitation à festoyer.

Giulio, Rick et Claudio m'ont promis qu'un jour ils me dédieraient une alcôve, avec une plaque à mon nom. Si je me fie à leur sens de l'humour douteux, ça risque d'être non pas une alcôve «Steve Galluccio», mais un urinoir.

1970, BOUL. GRAHAM

Grillades portugaises Galo

Mon initiation aux calmars grillés a eu lieu ici. Le mollusque, servi entier, était si délicat et si exquis que j'en ai eu une illumination : il n'y a pas de meilleure façon de préparer les calmars. J'ai décidé une fois pour toutes de renoncer aux calmars frits.

Ce charmant restaurant de quartier offre une cuisine portugaise authentique dans une ambiance calme et détendue. La musique en sourdine ne vous casse pas les oreilles et ne noie pas les conversations feutrées des jeunes familles et des vieux couples venus s'offrir une petite sortie, un excellent service et des plats succulents. La carte des vins propose un très bon choix de vins portugais. Je ne me souviens plus de celui qui accompagnait mes calmars, mais il s'agissait de la suggestion du serveur, et il était sublime.

Galo est mon petit secret bien gardé depuis un certain temps déjà, et je suis sûr que vous me remercierez de l'avoir partagé avec vous. Surtout si vous optez pour les calmars grillés. Oh, j'oubliais… sautez le repas du midi si vous venez pour le souper. Les portions y sont très généreuses.

L'ENTRECÔTE SAINT-JEAN

L'Entrecôte Saint-Jean

2022, RUE PEEL

Quand j'ai envie de retrouver Paris à Montréal, je vais à L'Entrecôte Saint-Jean, un bistro rigoureusement français par le décor et par le style. Le menu est sans chichi : steak frites, ou, si vous optez pour la table d'hôte, steak frites, potage du jour, salade, dessert. Impossible de vous contenter du potage ou de la salade. C'est pour le steak frites qu'on vient ici. Vous ne pouvez pas non plus demander qu'on substitue aux frites un autre légume. C'est clair ? Steak frites, steak frites, steak frites. Point à la ligne. Je ne résiste pas à un bistro qui me dit : « Ici, c'est comme ça, et c'est à prendre ou à laisser. » Et le steak frites est si bon que le choix est facile. Je reste.

Comme tout excellent restaurant, L'Entrecôte Saint-Jean a su fidéliser sa clientèle. Le personnel accueille les habitués par leur nom et, quand les propriétaires ont une minute de liberté, ils viennent piquer un brin de jasette avec eux.

Un jour que ma voisine de table était une femme d'un certain âge, racée et raffinée, qui venait de perdre son mari, les membres du personnel se sont approchés un à un pour lui offrir leurs condoléances. Manifestement, le couple avait eu ses habitudes à L'Entrecôte Saint-Jean pendant de nombreuses années. Une des serveuses a demandé à la dame si elle continuerait de leur rendre visite. « Évidemment », a-t-elle répondu. Puis, se tournant vers moi, elle a ajouté : « N'ai-je pas la chance d'y côtoyer de beaux jeunes hommes ? » La serveuse a éclaté de rire, j'ai rougi, et la veuve élégante a conclu : « C'est mon mari qui est mort, pas moi ! »

857, RUE DÉCARIE

Les baguettes d'Asie

Avant que je ne découvre Les baguettes d'Asie, la nourriture asiatique ne me disait rien qui vaille. Mais cet établissement du Vieux-Saint-Laurent est aujourd'hui mon restaurant de quartier. Le menu, essentiellement vietnamien, propose aussi une excellente table d'hôte à petit prix incluant un potage, des rouleaux de printemps et un bon choix de plats. Mon préféré est le trio de bœuf, poulet et crevettes accompagné de riz gluant, avec dessert (beignets de pommes ou de bananes), café ou thé. La présentation est jolie, le service rapide, le personnel de salle accueillant et toujours souriant. Si on m'avait dit qu'un jour je deviendrais un adepte de la cuisine vietnamienne et d'un resto Apportez Votre Vin, je ne l'aurais pas cru. Pourtant, c'est le cas. Mais il ne faut pas s'attendre à ce que j'y mange avec des baguettes. Ce serait vraiment trop me demander.

Pizzeria Sapori di Napoli

1465, RUE DUDEMAINE

Les boulettes de veau. Tout est là. Aucun qualificatif n'existe qui puisse rendre avec justice la succulence extraordinaire de ces boulettes de viande. Devant un plat de boulettes de veau du Sapori di Napoli, on est au paradis.

Guido Grasso, le propriétaire, parle de son restaurant comme d'un simple casse-croûte où l'on va se détendre et avaler une bouchée. Casse-croûte ou restaurant, cet établissement familial, situé au rez-de-chaussée d'un multiplex appartenant aux Grasso, se spécialise dans la pizza, les gnocchi maison et, bien entendu, les boulettes de veau. Guido, qui a été formé à l'art du pizzaiolo à New York, affirme que le secret de sa pizza réside dans sa farine : le mélange spécial qu'il emploie produit une pizza croustillante à souhait. La levée de la pâte dure 24 heures. Au bout de ce temps, Guido malaxe la pâte levée en la soumettant devant les clients à de spectaculaires voltiges qui font l'admiration de tous.

Le bleu, très représentatif de Naples, est la couleur dominante, et des photos de Sophia Loren ornent les murs. L'ambiance de fête de famille italienne qui règne ici me replonge dans mon enfance : les enfants courent partout, les parents discutent avec animation, les hauts-parleurs crachent de vieilles chansons du pays. Je n'ai plus tellement l'occasion de participer à des fêtes de famille à l'ancienne comme seuls les Italiens savent les faire, et je suis reconnaissant à Sapori di Napoli de pouvoir les revivre ici.

3891, BOULEVARD SAINT-LAURENT

Prato Pizzeria & Café

Ici, le secret est dans la sauce. C'est du moins ce que m'a dit un habitué du Prato. Paraît-il que la sauce tomate maison provient d'une vieille recette de famille qu'on protège jalousement en la gardant sous clé.

La pizza du Prato est mince, comme en Italie, et, pour une touche unique et imprévue, servie sur une plaque en aluminium. La cuisson se fait dans un four au charbon de bois bien en vue de tous.

Ce qui m'amuse quand je viens manger une pizza au Prato, c'est le regard ébahi de certains clients devant la minceur inhabituelle de la croûte. Flash d'info : vous qui avez eu le malheur de grandir dans la tradition de la pizza commandée par téléphone, sachez que la vraie pizza, la pizza canonique, la pure et dure, c'est la pizza du Prato. Le menu en propose une douzaine, mais vous n'y trouverez aucune de ces concoctions blasphématoires que sont la pizza hawaïenne ou la pizza au smoked-meat. Conclusion : si vous voulez goûter à une pizza authentique, rendez-vous au Prato. Si vous préférez la pizza de conception nord-américaine, pâteuse, caoutchouteuse et fromagée à l'excès, restez chez vous et commandez-en une ailleurs, par téléphone.

Le Saloon

RESTAURANT - BAR - SUPPERCLUB   1333, RUE SAINTE-CATHERINE EST

Lorsque le propriétaire du défunt Shed Café nous a annoncé, au début des années 1990, qu'il avait l'intention d'ouvrir un restaurant dans le village gai, nous avons tous pensé qu'il échouerait. À l'époque, le village se résumait à des clubs de danseurs nus, des saunas, des bars louches et de la drague.

Vingt ans plus tard : le village s'est assaini et Le Saloon est devenu une institution. Le décor époustouflant comporte un immense écran de projection sur lequel des images défilent en permanence : danseuses de charleston des années 1920, motifs psychédéliques évoquant les lampes à lave, et ainsi de suite. La cuisine fusion western et le menu changent tout le temps, car à l'image du quartier où il a élu domicile, Le Saloon est passé maître dans l'art du renouveau et de la réinvention. L'endroit est idéal pour les repas de fin de soirée : jeux de lumière vertigineux, boule disco tourbillonnante, musique à pleins tubes, gracieuseté de DJ survoltés de renommée internationale.

Je m'assois toujours au bar pour flirter avec les adorables barmen. Bientôt, mes voisins se mettent de la partie et la fête commence. On offre tournée après tournée, et je ne décolle pas avant les petites heures même si je n'étais venu que pour casser la croûte. C'est normal. Le Saloon est comme un vieil ami qui sait toujours vous convaincre de rester encore un peu pour boire un dernier verre.

1243, RUE METCALFE

Taverne Square Dominion

L'été dernier, je buvais tranquillement un verre à la Terrasse Magnétic avec une amie, la comédienne Christina Broccolini, quand elle m'a demandé à brûle-pourpoint : «Es-tu allé à la Taverne Square Dominion ces derniers temps ? C'est un endroit féerique !» J'étais intrigué. Dans mon souvenir, c'était un trou. La dernière fois que j'avais mis les pieds dans cette taverne à la fin des années 1980, c'était un bar gai «clandestin». Les murs étaient noirs de suie et une puanteur d'urine imprégnait tout. «Pourquoi voudrais-tu que j'aille là ?» ai-je rétorqué. Christina a insisté : «Vas-y.»

J'y vais, et en entrant, je n'en crois pas mes yeux. L'endroit s'est métamorphosé. Il a retrouvé l'élégance qui était la sienne en 1927, de même que ses majestueux lustres suspendus au plafond d'une hauteur vertigineuse. Les armoiries des différentes provinces du «Dominion du Canada» sont affichées au haut des murs. Et les serveurs sont d'une beauté... mais d'une beauté...! Comparée au foutoir crasseux que j'avais connu, c'est le palais de Buckingham.

La Taverne propose une belle sélection de cocktails, y compris de l'absinthe, et des plats qui marient la fine cuisine française à la robuste bouffe de brasserie un tantinet british. J'ai un faible pour le menu *Ploughman's*, un costaud dîner d'ouvriers, originaire de Grande-Bretagne.

Christina avait raison. La taverne n'est plus ce qu'elle était : elle est féerique. Elle nous propulse ailleurs, à une autre époque. Si j'en juge par cet établissement, la Montréal des années 1920 devait être une sacrée ville !

Tre Marie

6394, RUE CLARK

Je garde ce restaurant bien au chaud dans mon cœur. Après la mort de ma mère, mon père, ma tante et moi venions dîner ici tous les dimanches. Le dîner du dimanche est sacré pour les Italiens. La famille au grand complet se réunit autour d'une table pour attaquer des plats de pâtes nappées de sauce à la viande, puis la fête se prolonge pendant des heures et des heures. On discute, on rit, on s'évade du train-train quotidien. Le restaurant des Tre Marie est devenu notre port d'attache quand ma mère nous a quittés, et ses propriétaires — la vieille *zia* Rosina en cuisine et ses nièces en salle — sont devenues pour nous une seconde famille.

La cuisine y est rigoureusement authentique. Si vous voulez savoir ce qu'est un vrai repas familial italien, courez chez les Tre Marie. Absolument tout, des pâtes aux boulettes de viande en passant par le *brodino*, les viandes et les légumes, tout est d'une très grande fraîcheur et préparé exactement comme sait le faire toute bonne *mamma* italienne.

Nos *mamme* italiennes disparaissent les unes après les autres. Mon père et ma tante, soit le peu de famille qui me restait, s'en sont allés eux aussi. Mais les Tre Marie perdurent. Quand je me languis des miens et de mon chez-moi, c'est là que je vais, pour m'imprégner des saveurs et des parfums de ma douce enfance italienne.

150, RUE JEAN-TALON EST

Vinizza
OSTERIA - ENOTECA

Beignets de fleurs de courgettes! Quand la serveuse qui nous annonçait les plats du jour a prononcé ces mots, mon ami et collègue dramaturge Vittorio Rossi en a salivé. Moi qui n'en avais pas mangé depuis l'enfance, j'ai dû me rendre à l'évidence : les beignets de fleurs de courgettes du Vinizza sont aussi bons que ceux que préparait ma mère. Pratiquement adossé au célèbre marché Jean-Talon, le Vinizza s'y procure les ingrédients de son succulent menu. Les pâtes maison sont superbes, la pizza cuite dans un four inhabituel, au gaz et au charbon de bois. Le décor est à la fois dépouillé et élégant, très italien et très design, avec, comme pièce de résistance, un bar au magnifique comptoir de marbre blanc.

Je n'ai pas oublié la finesse des beignets de courgettes que j'ai dégustés là avec Vittorio. Évidemment, étant des produits de saison, ils ne sont pas toujours au menu. Mais n'ayez crainte : quel que soit le plat que vous commandiez au Vinizza, vous en aurez l'eau à la bouche. C'est notre petite manie à nous, les Italiens : on adore vous faire baver.

Bars

J'ai 51 ans. Je ne passe plus mes nuits dehors. Je suis trop vieux pour faire la queue à la porte d'un bar, et puisque j'ignore lesquels sont dans le coup, je ferais sans doute la queue pour entrer dans un bar qui n'est plus *in* depuis dix ans.

J'ai 51 ans. Quand je sors et que j'abuse des bonnes choses, il me faut une semaine pour m'en remettre. Je suis trop occupé, la vie est trop courte et, franchement, si j'étais encore porté à festoyer jusqu'aux petites heures du matin, il serait rudement temps que je fasse un sérieux examen de conscience. Cher, la star — et mon idole —, a dit un jour « J'ai eu 40 ans... J'ai eu 50 ans... Je peux vous dire que 40 ans... c'est mieux. » Quand on a 50 ans, aucun jeune de 20 ans ne risquerait sa réputation à danser avec nous.

J'ai 51 ans. C'est trop vieux pour passer des nuits blanches à lever le coude, mais encore assez jeune pour prendre plaisir à un 5 à 7, à un digestif après le dîner ou à un dernier verre après le spectacle. Un bar, c'est pour moi un endroit agréable où discuter entre amis de politique ou de cinéma. Ou de botox, hélas. Alors, si vous pensiez que, dans ce chapitre, il serait question des boîtes à la mode que l'on fréquente pour voir et être vu, détrompez-vous. Je ne fais pas dans les boîtes à la mode. Et si ça m'arrive, c'est par inadvertance.

Cela dit, quels sont les bars que je préfère ? Eh bien, j'adore les bars d'hôtel parce qu'ils ont une clientèle de passage, entre deux destinations. Étant un homme qui aime se réinventer sans cesse (mais non... pas comme Madonna... je souffre d'un déficit de l'attention qui fait que, très vite, tout m'ennuie), j'aime la compagnie des gens engagés dans une phase de transition. J'aime aussi bavarder avec des gens d'ailleurs, car je peux ainsi partir en voyage sans quitter mon tabouret de bar et sans devoir affronter le cauchemar de la sécurité aéroportuaire.

J'aime également faire l'essai de nouveaux établissements. Un bar qui vient d'ouvrir ses portes est toujours vivifiant. Il s'en dégage beaucoup d'espoir et d'idéalisme, tout y est propre, brillant, parfait. Dans six mois, l'espoir et l'idéalisme se seront dissipés. Mais ainsi va la vie, que voulez-vous, et on n'en a rien à cirer.

Les 5 à 7, c'est mon truc. J'adore. On y boit à rabais et la clientèle pète le feu, surtout le vendredi soir. Après une dure journée de travail, rien de tel qu'un petit remontant bien tassé, quelques grignoteries et une oreille sympathique au récit de nos déboires. Après un verre ou deux, n'importe qui est disposé à nous écouter ou à faire semblant de nous écouter, et après encore quelques verres, il prend sincèrement nos ennuis à cœur et n'attend que l'occasion de nous raccompagner à la maison, bras dessus, bras dessous.

J'adore aussi les pubs. Montréal compte de très nombreux pubs irlandais, dont certains sont ici depuis toujours et attirent une importante clientèle d'habitués. Je ne connais rien de plus épatant qu'une heure de l'apéro à l'ancienne, là où tout le monde se connaît parce qu'ils s'imbibent ensemble depuis des années.

Allons. Détendez-vous, débouchez une bouteille de votre boisson préférée, vin, scotch, vodka ou bière, et venez avec moi. Nous allons faire un barathon. Je vous promets qu'on finira la soirée complètement bourrés. Je sais, je sais. J'ai 51 ans. Je ferais mieux de m'abstenir. Mais écoutez-moi bien : il sera toujours temps de m'abstenir quand j'engraisserai le cimetière.

449, RUE SAINTE-HÉLÈNE

Bar de l'hôtel Gault

Ce bar-salon, qui partage le hall de réception de l'hôtel avec le bureau d'accueil, est mon lieu de prédilection pour les calmes réunions d'affaires. Qu'on s'assoie au comptoir, à une table ou, pour encore plus d'intimité, dans les fauteuils de la bibliothèque ménagée à l'écart devant un feu de foyer, on peut avoir là des discussions fécondes en toute tranquillité. L'ambiance zen m'est très propice quand je veux vendre une idée de scénario. J'ai constaté, en effet, qu'il m'est plus facile de convaincre un producteur de financer mon scénario dans une ambiance décontractée et non professionnelle. Bien entendu, le fait de pouvoir assidûment lui rincer la dalle ne nuit pas aux négociations.

Incidemment, l'hôtel Gault occupe l'emplacement du tout premier YMCA en Amérique du Nord — il avait ouvert ses portes en 1851 — et je peux dire sans mentir que c'est encore un gym en ce qui me concerne : trinquer comme ça, à répétition, c'est excellent pour les biceps.

Brasseur de Montréal

1485, RUE OTTAWA

Situé dans Griffintown, quartier qui fut la porte d'entrée des immigrants irlandais en Amérique du Nord, Brasseur côtoie, dans un ancien édifice industriel, une galerie d'art et plusieurs autres commerces. Le secteur qu'il occupe est encore très délabré mais sur le point de s'embourgeoiser puisque, dans les terrains vagues d'en face, au bord du canal de Lachine, on érige des condos de luxe.

Brasseur est un établissement sans chichi, une microbrasserie doublée d'un resto-bar qui offre des bières brassées sur place, notamment la Griffintown, la Rebelle, la Chi, la London Ruby, la Black Watch et la Stout Ghosttown — ma préférée à 6,6 % d'alcool. Les installations de brassage sont visibles par d'immenses fenêtres, ce qui ajoute à l'ambiance industrielle des lieux. Un conseil, cependant : allez y boire une bière avant que ne s'achève la construction des condos de luxe, car dès que ceux-ci seront occupés par leurs propriétaires, l'aura de révolution industrielle de ce quartier si sympathique en sera gommée à tout jamais.

355, RUE MARGUERITE D'YOUVILLE

Lounge DNA

Un soir que je passais devant cet établissement, j'ai aperçu par la fenêtre un lustre en forme d'immense boule disco aux couleurs changeantes. Je suis entré, et c'est comme ça que j'ai découvert le Lounge DNA.

C'est un bar-salon tout en nuances d'orange, avec divans, bougies, foyer ultramoderne et, bien évidemment, la fameuse pseudo-boule disco. J'y passe souvent de très bons moments avant de me rendre au restaurant DNA (la porte à côté), ou seulement à bavarder avec des amis en sirotant un verre de vin. La carte des vins d'importation privée est exhaustive et le sommelier est toujours de très bon conseil quand il s'agit de me faire découvrir des vins de l'Ontario, de la Colombie-Britannique, du Brésil, voire du Québec. Ce bar-salon somptueux démontre hors de tout doute qu'on peut parfois trouver du raffinement sous une boule disco.

Else's

156, RUE ROY

Je fréquentais ce bar au début des années 1990. J'ai même connu sa fondatrice, Else, une passionnante risque-tout qui avait quitté Toronto à un âge déjà certain pour s'installer à Montréal où elle a ouvert ce bar. La suite, presque tout le monde la connaît. C'est un bar de quartier qui est très vite devenu extrêmement populaire, un pilier de la rue Roy. Malheureusement, Else nous a quittés, je ne me souviens plus très bien en quelle année.

Heureusement, son esprit et son bar lui ont survécu. L'endroit n'a guère changé. Certains des anciens habitués le fréquentent encore et se mêlent aux nouveaux clients. L'ambiance détendue et la musique que crachent les haut-parleurs (de Led Zeppelin à Elvis) font de Else's un bar toujours très achalandé le soir. Je me souviens d'avoir demandé à Else : « Pourquoi donc êtes-vous partie de Toronto ? Vous n'y étiez pas bien ? » « J'adorais Toronto, a-t-elle fait. J'étais mariée et je vivais en banlieue. Mais ensuite, j'ai divorcé, et j'ai voulu repartir de zéro. Alors je suis venue à Montréal. Montréal est le meilleur endroit au monde pour ceux qui veulent repartir de zéro. Ne l'oublie jamais, mon petit. » Je ne l'ai jamais oublié, Else. Je repars de zéro tous les matins.

1641, RUE AMHERST

Gotha Salon Bar

J'ai découvert cet endroit il y a quelques années quand un ami m'avait proposé d'aller boire un verre dans un bar tranquille du village gai. Un bar tranquille dans le village gai ? Cela m'apparaissait relever de l'utopie.

Quand il est question du village gai, on envisage aussitôt le tronçon le plus tapageur et le plus débauché de la rue Sainte-Catherine Est. Mais on est enclin à oublier que ce village a aussi des rues secondaires plus sages, par exemple la rue Amherst, où ce petit salon-bar raffiné a pignon sur rue.

Parquet usé, tables en rondins, chaises en cuir orange et feu de foyer crépitant contribuent tous à l'ambiance feutrée de ce petit local qui évoque certains bars-salons de New York. La musique y est maintenue à un volume assez bas et respectueux des conversations, les œuvres exposées sont mises en valeur par un éclairage discret. Le dimanche soir, un musicien laisse courir ses doigts sur les touches d'un vieux piano pendant que le barman, d'une beauté diabolique, prépare des martinis. Le Gotha est un endroit très agréable pour bavarder entre amis sans maltraiter ses cordes vocales à force de crier pour se faire entendre.

Irish Embassy Pub and Grill

1234, RUE BISHOP

Je ne pouvais pas écrire ce chapitre sans y inclure un pub irlandais typique puisque Montréal est réputée pour ses pubs irlandais. Celui-ci figure en tête de ma liste.

Ainsi que le dit leur maxime, ce bar, ses propriétaires et son personnel jouent le rôle d'ambassadeurs de l'hospitalité irlandaise (*Ambassadors of Irish Hospitality*). Situé dans un édifice dont la construction remonte à 1885, l'établissement a des parquets de bois dur, un comptoir de bar revêtu de cuivre et des détails architecturaux en acajou qui participent à l'ambiance traditionnelle des lieux.

La clientèle se compose de jeunes et de moins jeunes, les plus âgés étant les habitués, et les plus jeunes, des étudiants de l'Université Concordia, comme dans mon temps. Et dans mon temps comme aujourd'hui, ce pub était un prolongement du campus. On aimait y flâner entre deux cours au lieu d'étudier.

Pour ceux qui aiment la musique en direct, le Irish Embassy présente des groupes musicaux quatre soirs par semaine, du jeudi au dimanche. Vous voulez vraiment savoir si la maxime du pub reflète la réalité ? Venez fêter la Saint-Patrick au Irish Embassy : vous n'oublierez jamais l'hospitalité irlandaise et vous ne pourrez plus vous en passer.

2661, RUE NOTRE-DAME OUEST

Drinkerie Ste-Cunégonde

Ce petit nouveau m'a accroché par sa murale : un collage de Montréal dans les années 1950 et 1960. J'ai tenté d'identifier certains endroits et, d'une chose à l'autre, bien vite je me suis trouvé en train de trinquer avec le proprio. L'ambiance rétro de la Drinkerie s'accorde plutôt bien avec la thématique générale de ce tronçon très prometteur de la rue Notre-Dame, dans la Petite Bourgogne. La musique est sous la responsabilité de DJ en chair et en os, ce qui la rend super cool, et puisque La Drinkerie a pour modèle certains bars de Brooklyn, elle est top super cool dans ma stratosphère personnelle.

Le Confessionnal

431, RUE MCGILL

À la fois opulent et intime, ce bar est très couru des jeunes professionnels dy-
namiques, surtout pour le 5 à 9 du jeudi soir. Je ne sais pas si vous êtes comme
moi, mais le fait de pouvoir picoler deux heures de plus à rabais, ça me rend
gai (dans le sens premier du terme). J'aime aussi le décor : rococo chic, éclairage rouge tamisé, long bar en granit blanc et… lustres ! De magnifiques lustres
suspendus au-dessus du bar, sur toute sa longueur. Je suis italien : les lustres,
ça me connaît. Je dirais même plus : étant à la fois italien et gai (dans le sens
dérivé du terme), en matière de lustres, j'ai la science infuse.

Le Confessionnal propose des soirées thématiques. Le jeudi : musique en direct et « open mic » ; et le vendredi : rock & roll des années 1950 aux années 1970.

Je crois que c'est tout. Non… attendez… est-ce que je vous ai parlé des lustres ?

111, RUE SAINT-PAUL OUEST

Philémon Bar

Ce débit de boisson du Vieux-Montréal, qui marie le grunge à l'élégance design, est vite devenu un de mes préférés. Les parquets usés, les tabourets funky, le comptoir en bois poli, et la collection de miroirs anciens suspendus aux murs confèrent à ce bar l'ambiance hallucinée que je privilégie pour mes *imbitions*. La clientèle est tout aussi baroque: jeunes professionnels, artistes et informaticiens dans la vingtaine ou à peine plus, en costume raffiné ou en parka, toque enfoncée sur le crâne, lunettes à monture de corne, talons aiguilles ou Uggs. En guise de musique d'ambiance, de belles chansons à un volume respectable. Attendez-vous à danser entre les chaises quand ce bar est très achalandé, ce qui est souvent le cas. Et si vous voyez quelqu'un danser sur les tables, c'est probablement moi.

Place Deschamps Bar à vin 175, RUE SAINTE-CATHERINE OUEST

J'ai quelque chose à dire qui va m'attirer beaucoup d'ennemis, mais je m'en fiche comme de l'an quarante. C'est mon livre, j'ai le droit d'y écrire ce que je veux. Si vous n'êtes pas d'accord, écrivez le vôtre. J'y vais ? L'aménagement du Quartier des Spectacles et les rénovations de la Place des Arts ont coûté des millions de dollars, mais, selon moi, la Place Deschamps est *le seul endroit* de tout ce complexe qui valait la dépense. Voilà. C'est dit.

Cet espace dégagé et enchanteur est idéal pour boire un verre ou deux avant ou après le spectacle. Le personnel, fort sympathique, possède en outre une excellente connaissance œnologique, et la carte des vins est impressionnante. Lors de ma dernière visite en compagnie de mon amie, la comédienne Danièle Lorain, un merveilleux Smoking Loon californien nous a rendus légèrement gris. La clientèle rassemble essentiellement des détenteurs de billets pour l'opéra, la pièce ou le concert de la soirée. Au moment de gagner leur siège, ceux qui ont bu un verre de trop se trompent souvent de salle. Je trouve ça rigolo.

Bon, bon, d'accord : la Place Deschamps n'est pas la seule réussite de la nouvelle Place des Arts. J'admets que le couloir qui mène à la Salle Wilfrid-Pelletier est saisissant et que la salle de concert est grandiose. Mais ne m'en demandez pas plus. Ceux qui me suivent sur Twitter ou Facebook n'ignorent pas que, lorsque je formule une opinion, je n'en démords pas.

901, SQUARE VICTORIA

Plateau Lounge
HÔTEL W

Situé tout en haut d'un majestueux escalier, le Plateau Lounge se définit comme un refuge à l'ambiance automnale. C'est curieux. À mes yeux, il évoque plutôt South Beach, je suppose en raison de son décor suave, de son éclairage tamisé et de sa palette de couleurs dans les tons de rouge et de mauve. Qu'on s'y sente à l'abri rappelle aussi beaucoup South Beach : là-bas, on cherche à fuir le soleil cuisant ; ici, on cherche à fuir l'hiver sordide.

Ce bar-salon est un des plus reposants en ville. Enfoncez-vous dans les moelleux divans bas, sirotez un verre, oubliez les factures, les hypothèques, les dettes et les emprunts. L'hiver s'estompe dans la douceur de l'éclairage — un éclairage obligeant pour le visage, quand on n'est plus aussi jeune qu'on le souhaiterait.

Chaque fois que, quittant cet oasis, j'emprunte pour le descendre le grandiose escalier de l'hôtel, il me semble être Norma Desmond dans *Boulevard du crépuscule*, lorsqu'elle annonce qu'elle est prête pour son gros plan. Je m'attends à trouver des palmiers devant l'hôtel, mais il n'y a que neige, glace et gadoue. Alors je fais demi-tour, je referme la porte et je loue une chambre pour la nuit. C'est un des bons côtés des bars d'hôtels. Il y a toujours une chambre pas loin.

P.-S. Il faut sans doute être gai ou cinéphile pour saisir l'allusion à *Boulevard du crépuscule*. Si vous n'êtes ni l'un ni l'autre, suivez mon conseil et téléchargez ce film. Vous m'en remercierez.

PLATEAU LOUNGE / HÔTEL W

Fourre-tout

J'adore dépenser mon argent. Certains jours, je me dis que ce serait commode si je souffrais de bipolarité. Je pourrais attribuer ma manie de la dépense à ma maladie. Quant aux voix que j'entends dans ma tête, elles... Mais, j'y pense, est-ce qu'elles ne signifieraient pas que je suis... Non, non, non, m'assure mon psy. Je n'ondule pas de la toiture.

Bien. C'est rassurant. Alors, où en étais-je? Ah oui. Ma bipolarité imaginaire. Donc, j'aime dépenser mes sous. C'est pourquoi je butine de boutique en boutique pour y amasser des toiles, des sculptures, des machines à café, des tasses à espresso et des pâtes fraîches. Je ne sais absolument pas résister à un accès de fièvre acheteuse. Même quand je n'ai besoin de rien, j'achète. Les yeux bandés. C'est comme ça qu'un jour, dévoré par une fièvre tropicale de plus de 40°, j'ai acheté un condo en Floride. Mais ça, c'est un tout autre livre. Quoi qu'il en soit, l'argent, c'est comme l'énergie : pour en générer, il faut en dépenser. Vous me direz que c'est simpliste, mais je vous jure que c'est la pure vérité.

J'ai un faible pour les boutiques éclectiques tendance schizo (j'ai de la suite dans les idées). Je connais des endroits à Montréal où l'on vend des meubles et des objets d'art, des galeries d'art où l'on vend aussi des meubles, des quincailleries où il est possible d'acheter des articles de cuisine, et même un magasin d'articles de cuisine qui vend des fusils de chasse. Cette ville regorge de boutiques spécialisées qui ne demandent qu'à être découvertes, explorées, courtisées. Mais il faut les fréquenter à fond la caisse, car elles tendent à ouvrir leurs portes, puis à les fermer aussi sec.

Le volet « Fourre-tout » de ce livre s'imposait donc pour que je fasse un survol de ces commerces, car, partisan du moindre effort, je ne voyais pas l'utilité de perdre mon temps à leur assigner une catégorie. Si vous recherchez les boutiques inhabituelles, allez faire un tour dans celles que je commente ci-après. Vous ne le regretterez pas, je vous en fais la promesse. Les voix que j'ai dans le plafond vous le promettent aussi. Et pendant que vous ferez vos emplettes, moi j'irai magasiner un autre psy.

★ LA DOLCE VITA ★ CONCEPT BARAMI
★ BEN & TOURNESOL ★ BOUTIQUE VOLUME ★ CASA LUCA
★ GALERIE ARCHIPELAGO ★ FONDATION DHC/ART
★ ALIMENTS PASTA D'ORO ★ MERCER ★ NICHOLAS HOARE
★ QUINCAILLERIE DANTE ★ TAH-DAH !

La Dolce Vita

3201, BOUL. GRAHAM

CRÉMERIE-GELATERIA

C'est là qu'il faut aller par un soir de canicule à Montréal. Voisine du restaurant Villa Armando, cette *gelateria* offre le meilleur *gelato* qu'on puisse trouver hors d'Italie. Je sais. J'ai dit au début que ce guide n'était pas un répertoire des *best of*, mais je ne peux pas m'en empêcher. Le *gelato* du café-glacier Dolce Vita est le meilleur, l'absolu fin du fin.

L'assortiment de saveurs parmi lesquelles choisir dépasse l'entendement. Votre choix fait, installez-vous à une table du jardin-terrasse intime situé entre le restaurant Villa Armando et la *gelateria*. Vous serez catapulté en plein cœur de Rome. Obsédé par les calories? N'ayez crainte. Le *gelato* est riche en saveur et pauvre en gras en plus d'être fabriqué sur place avec de vrais ingrédients frais. De toute façon, allez-vous enfin vous mettre dans la tête que tout ce qui est italien est bon pour vous?

404, RUE SAINT-JACQUES

Concept Barami

J'écris ces mots au clavier de mon MacBookPro, installé à mon bureau Rolly de chez Barami, un meuble raffiné aux lignes modernes évocatrices des années 1960. Dès que je m'y assois, je me prends sans peine pour Don Draper de la série *Mad Men*. Mais un Don Draper en pyjama, hélas moins cool que le vrai.

J'ai découvert Barami quand je redécorais mon ancien appartement. J'y fais encore un saut de temps à autre pour y admirer l'élégante collection de meubles, luminaires et accessoires issus de l'imagination de designers tels que Noguchi et Saarinen, entre autres concepteurs vedettes d'un répertoire sans cesse renouvelé. Des chevets aux étagères de bibliothèque en passant par les tables de salle à manger, les bureaux de travail, les divans et les banquettes, les reproductions d'œuvres marquantes des grandes années du design occupent des salles d'exposition de style loft réparties sur trois étages. Un pur délice pour les passionnés des années pop.

J'ai soudain soif d'un scotch cul-sec agrémenté d'une Camel. Un peu de scotch m'éclaircit les idées. Attendez... non... c'est ce bureau Rolly de chez Barami qui me fait un drôle d'effet. Je ne suis pas Don Draper ! Je ne bois pas de scotch et je ne fume pas des Camel ! Je suis Steve Galluccio... Je bois de la vodka et je fume des Marlboro !

CONCEPT BARAMI

Ben & Tournesol

Il y a un dizaine d'années, quand j'étais dans ma phase hip-hop, je m'étais offert un collier pour homme, un pendentif en forme de verre à martini. Quand on me demandait où j'avais trouvé cet amusant collier, je répondais « en désintox ».

En fait, je me l'étais procuré chez Ben & Tournesol, une boutique très spéciale où l'on trouve de tout pour tous les goûts et pour toutes les bourses. Articles de cuisine ou de voyage, montres, vaisselle, livres, coussins, literie… tout y est. Comme le disent les propriétaires John et Max, c'est un peu le magasin général de Westmount. J'y ai acheté récemment des fourre-tout Fred Perry à prix très raisonnable. On trouve, chez Ben & Tournesol, des tas d'articles griffés — Hermès, Versace, Alessi, Vera Wang et Christofle, entre autres. De quoi donner le vertige à un accro du luxe tel que moi.

J'ai troqué mes colliers pour homme contre de jolis fourre-tout Fred Perry. Je suis passé de quadragénaire hip-hop à quinquagénaire BCBG. Quel genre de sexagénaire serai-je ? Qui vivra, verra. De toute façon, Ben & Tournesol m'aideront à y voir clair.

277, RUE SAINTE-CATHERINE EST

Boutique Volume

Mon compagnon est amateur de bandes dessinées. Quand je veux lui faire cadeau d'un album rare, je me rends à la Boutique Volume. Je suis presque certain d'y trouver ce que je cherche.

Cette librairie possède un vaste inventaire de livres usagés et de livres rares, de CD et de DVD d'occasion. Je passe facilement des heures à fureter dans ses rayons et j'en rapporte immanquablement quelque chose à la maison. J'ai acheté ici un coffret non commercial et très recherché de films de Al Pacino et plusieurs classiques du cinéma américain et du cinéma européen. J'y ai aussi déniché de rares CD de Billie Holiday, et mon compagnon, qui est chanteur d'opéra, a pu s'y procurer plusieurs enregistrements d'opéras normalement introuvables.

Les heures d'affaires de cette librairie sont très avantageuses. Certains soirs, elle ferme à 22 heures, contrairement à la plupart des commerces de Montréal qui ferment à l'heure de l'hospice.

Récapitulons : bandes dessinées, Al Pacino, Billie Holiday, opéras. Un inventaire hétéroclite pour un couple disparate.

Casa Luca

1354, RUE FLEURY EST

Éblouissant ! Voilà le qualificatif qui me vient à l'esprit quand j'entre dans cette boutique. On y est accueilli par une multitude d'objets et une explosion de couleurs franches : horloges, sacs, lampes, parapluies, assiettes, bijoux...

Casa Luca se définit comme «un incontournable dans l'univers des accessoires décoratifs uniques et exclusifs», et propose un très vaste choix d'objets conçus par des designers d'avant-garde. J'aime tout particulièrement les horloges ustensiles et les chouettes porte-poussière à pois. Cette véritable caverne d'Ali Baba remplie à craquer de trouvailles inusitées est impossible à décrire en quelques mots. Allez y jeter un coup d'œil par vous-même. L'enfant en vous ne saura plus où donner de la tête. Comme lorsqu'on vous amenait dans une confiserie quand vous étiez petit, vous aurez envie d'acheter l'inventaire au grand complet de ce paradis du cadeau et de la décoration dernier cri.

Galerie Archipelago

C'est ici que j'ai acheté mon premier «vrai» tableau il y a environ deux ans, quand je me suis dit qu'il était temps que j'investisse mon argent au lieu de le gaspiller en alcool et en cigarettes.

La Galerie Archipelago est un plaisir pour les yeux. Sa spécialité est l'art grec, mais elle propose aussi des créations d'artistes québécois et européens. On y trouve des reproductions d'œuvres byzantines et de pièces de musée, des objets en verre soufflé, des lampes et des poteries en terre cuite et en grès, de même que des bijoux originaux faits d'or, d'argent et de pierres semi-précieuses.

Pour commencer une collection d'œuvres d'art, rendez-vous à la Galerie Archipelago. Rien ne vaut l'art de la Méditerranée pour ensoleiller la maison et en réchauffer l'ambiance. La propriétaire, Voula, vous fera partager ses vastes connaissances et son sourire éblouissant vous ira droit au cœur.

Fondation DHC/ART

Les vernissages de ce lieu d'exposition situé dans un bâtiment historique rénové du Vieux-Montréal sont les plus glamour en ville. La foule des invités se déverse jusque dans la rue pavée, si bien qu'on se croirait à SoHo, dans une soirée fréquentée par des gens chics qui sirotent des cocktails raffinés.

J'ai vu là des expositions prodigieuses. Des événements multimédias aux présentations plus traditionnelles, la galerie de la Fondation DHC/ART est unique à Montréal et privilégie l'art contemporain dans une optique dynamique et originale. Une équipe de commissaires parcourt le monde à la recherche d'œuvres par des artistes de la trempe de Sophie Calle, Jenny Holzer, Christian Marclay et Marc Quinn.

Les expositions de la Fondation DHC/ART sont toujours stimulantes pour l'esprit et les sens, et ne déçoivent jamais. En outre, l'entrée est libre. Vous n'avez *aucune* excuse pour rater ça.

5456, RUE JEAN-TALON EST

Aliments Pasta d'Oro

Tous les Italiens ne font pas leurs propres pâtes. En fait, rares sont ceux qui s'en donnent la peine. Mais quand on veut jeter de la poudre aux yeux de nos amis non italiens, on sait où trouver d'exceptionnelles pâtes fraîches.

En ce qui me concerne, je vais aux Aliments Pasta d'Oro, à Saint-Léonard. Cannelloni, ravioli, fazzoletti, tortellini, toutes les pâtes imaginables sont confectionnées sur place. Ma dernière visite était due à une urgence culinaire. Il me fallait des cannelloni, mais j'avais omis de les commander à l'avance, et il n'en restait plus. J'ai eu une légère crise de panique. La dame du comptoir ne s'en est pas formalisée outre mesure. Elle m'a dit, sourire aux lèvres : «Accordez-moi trois quarts d'heure.» Je suis allé faire un tour dans les environs et, à mon retour, des cannelloni frais m'attendaient.

Quand votre ami italien vous invitera à dîner chez lui et qu'il se vantera d'avoir confectionné de ses petites mains de fée les cannelloni qui vous font saliver, n'en croyez pas un mot. Il les a sans doute achetés chez Pasta d'Oro, et n'a plus eu qu'à les napper de sauce tomate.

Mercer

2658, RUE NOTRE-DAME OUEST

Mercer est le petit nouveau dans le quartier. Je suis entré dans cette boutique deux jours après son ouverture (août 2011) et j'y ai acheté un superbe porte-clé en peau de cheval dont je n'avais pas besoin. Quand, dès ma première visite, j'achète un article dont je n'ai que faire, cette boutique est aussitôt inscrite à mon répertoire.

Selon Michael, qui en est le propriétaire, le mobilier, les éclairages, les accessoires, les articles de table et le linge de lit de sa boutique sont parfaitement adaptés au style loft urbain. Beaucoup sont des importations européennes. Le linge de lit est fabriqué au Portugal, le linge de table vient de France. Chaque article est choisi avec soin et possède des qualités qui le rendent intemporel. C'est la boutique idéale pour qui désire insuffler un peu de classe et de classicisme à son intérieur.

Mes invités me demandent souvent où j'ai déniché mon porte-clé en peau de cheval. « C'est ce que deviennent les chevaux de Cavalia quand ils ont fait leur temps », ai-je envie de répliquer. Mais comme mon sens de l'humour caustique n'est pas prisé de tous, je réponds « chez Mercer ». Ça m'évite quelques baffes.

1366, AVENUE GREENE

Nicholas Hoare

Quand un livre recensé dans l'édition du dimanche du *New York Times* attire mon attention et que je désire me le procurer, je sais exactement où le trouver : chez Nicholas Hoare.

Cette librairie me rappelle un musée. Dès que vous en passez le seuil, on vous demande poliment d'éviter de vous servir de votre cellulaire. Les livres sont exposés avec art sur de belles étagères en bois, face à vous, pour que vous puissiez en apprécier les couvertures.

Spécialisée dans la littérature britannique, cette librairie compte trois étages de livres de fiction, d'ouvrages d'actualité, de biographies, de livres pour la jeunesse, d'ouvrages sur le design et de guides de voyages. L'ambiance chaleureuse et détendue qui y règne vous incite à fouiner paresseusement jusqu'à ce que vous trouviez le livre que vous cherchez. Au dernier étage, un vaste choix de CD de musique classique et de jazz vous attend. La prochaine fois que vous envisagerez d'acheter un livre sur le site d'Amazon ou dans une autre librairie virtuelle, retenez-vous à deux mains. Rendez-vous plutôt chez Nicholas Hoare. Furetez dans les rayons, savourez le silence, respirez l'air enivrant que seuls exhalent les murs d'une vraie librairie. Mais hâtez-vous. Les librairies sont, hélas, une espèce en voie de disparition.

Quincaillerie Dante

6851, RUE SAINT-DOMINIQUE

J'ai acheté ma première machine à espresso/cappuccino chez Dante au début des années 1980. L'idée de pouvoir préparer un cappuccino à la maison m'emballait, mais chaque fois que je m'essayais à faire mousser le lait, il bouillait. Ou il mourait de sa belle mort. Je suis retourné à la Quincaillerie Dante, mon appareil sous le bras, et j'ai demandé à Elena, la copropriétaire, d'avoir la générosité de me montrer à produire une mousse correcte. Elle est allée emprunter un verre de lait au café voisin et m'a patiemment donné un cours. Ma machine à café, qui était très efficace, a produit une mousse superbe et riche. Je suis reparti, mon emballement régénéré, et de retour chez moi j'ai mis à l'essai les nouvelles aptitudes que m'avait inculquées Elena. Ma mousse s'est affaissée. J'ai gaspillé je ne sais plus combien de cartons de lait avant de m'avouer vaincu.

La Quincaillerie Dante est un véritable trésor. On y vend depuis 1956 des articles de cuisine dernier cri et haut de gamme. Casseroles, sauteuses, machines à café, services de vaisselle, machines à pâtes, tasses, grille-pain, et quoi encore. Vous le voulez, Dante l'a. La quincaillerie a aussi une section d'articles de chasse. Une fois qu'on s'est procuré un fusil de chasse, un poêlon, des ustensiles et des assiettes à la Quincaillerie Dante, on peut 1) aller à la chasse avec son fusil Dante, 2) faire rôtir le gibier dans le poêlon Dante, 3) le servir sur les assiettes Dante, 4) le manger avec les ustensiles Dante. La quintessence en fait de boutique multiservice !

Quand j'ai dû remplacer ma machine à espresso, je suis retourné chez Dante, car je savais qu'Elena me vendrait ce qu'il y a de mieux. Mon nouvel appareil produit un espresso sublimissime. Quant à moi, si j'ai amélioré ma technique pour faire mousser le lait, jamais je n'arriverai à la cheville d'Elena. Elena — la reine de la Quincaillerie Dante !

156, RUE JEAN-TALON EST

Tah-dah!

BOUTIQUE - GALERIE - MÉTIERS D'ART

Située au marché Jean-Talon et donnant aussi sur la rue Jean-Talon, cette petite boutique d'avant-garde propose des créations d'artisans québécois de disciplines diverses, et autant d'idées originales pour des cadeaux qui sortent de l'ordinaire. Tah-dah! est aussi une galerie, puisque des artistes québécois y exposent leurs œuvres. J'ai acheté là un tableau très curieux en papier mâché qui agrémente ma salle familiale et attise les conversations quand je reçois des amis à dîner. Beaucoup d'articles en vente sont fabriqués à partir de matériaux de récupération, et les objets insolites sont légion. « Une surprise vous attend! » voilà la promesse de Tah-dah! Promesse tenue.

INDEX DES LIEUX

Remerciements

Me voici arrivé au volet «Remerciements» de ce livre, ce qui n'est pas du tout facile pour moi, car remercier les autres ne fait pas exactement partie de mes habitudes. Allons-y quand même :

Je tiens à exprimer ma reconnaissance à mon compagnon, Yves, qui a eu la patience de relire tous mes textes même quand je le réveillais la nuit pour les lui soumettre. Un merci retentissant à Nathalie qui m'a convaincu d'écrire ce livre. Patrick (mon agent littéraire), maintenant que tu sais ce que c'est que de m'avoir pour client, tu peux être sûr d'avoir gagné ton ciel. Erwan, merci d'avoir cru à ce projet. Mathieu ! Tes photos sont magnifiques ! Tu as même réussi à me faire bien paraître, ce qui est tout un exploit ! J'embrasse affectueusement les déesses qui m'ont aidé à commenter les boutiques de fringues pour femmes. Et je suis reconnaissant à Joëlle d'avoir tout géré de main de maître. Sans toi, j'aurais été perdu. Marie-José, alias Beppa, tes traductions sont sublimes ; *mille grazie* !

Aux propriétaires d'entreprises commerciales qui ont accepté de figurer dans ce guide, qui ont gentiment répondu à mes questions et qui nous ont aimablement autorisés à entrer dans leur établissement armés de nos appareils photos : un grand merci mesdames, un grand merci messieurs. Votre affabilité vous honore.

Steve g xoxo